本研究得到国家自然科学基金重点国际（地区）合作研究项目
《基于机会视角的创业生态系统形成机理研究》
（项目号：71620107001）的资助

创业生态系统的网络特性与新企业绩效

王 玲 ◎ 著

图书在版编目（CIP）数据

创业生态系统的网络特性与新企业绩效 / 王玲著. -- 北京：中国经济出版社，2022.1
ISBN 978-7-5136-6771-5

Ⅰ. ①创… Ⅱ. ①王… Ⅲ. ①创业 - 影响 - 企业绩效 - 研究 Ⅳ. ① F241.4 ② F272.5

中国版本图书馆 CIP 数据核字（2021）第 261900 号

责任编辑	张梦初
责任印制	巢新强
封面设计	义春秋文化

出版发行	中国经济出版社
印 刷 者	北京艾普海德印刷有限公司
经 销 者	各地新华书店
开 本	710mm×1000mm 1/16
印 张	13.25
字 数	198 千字
版 次	2022 年 1 月第 1 版
印 次	2022 年 1 月第 1 次
定 价	78.00 元

广告经营许可证 京西工商广字第 8179 号

中国经济出版社 网址 www.economyph.com 社址 北京市东城区安定门外大街 58 号 邮编 100011

本版图书如存在印装质量问题，请与本社销售中心联系调换（联系电话：010-57512564）

版权所有　盗版必究（举报电话：010-57512600）
国家版权局反盗版举报中心（举报电话：12390）　　　服务热线：010-57512564

◇ 序　言

随着数字经济的到来，各类新兴技术的快速发展及广泛应用加速了传统行业的"数智化"变革，导致创业机会层出不穷和行业壁垒逐步降低，由此引发市场竞争的加剧。在此背景下，创业环境逐渐显现生态化的特征，创业企业进入创业生态系统，与创业支持机构共同参与创业活动。近年来，我国创业生态系统呈现迅猛的发展态势，Startup Genome公司发布的《2020年全球创业生态报告》显示，中国共有4座城市入选全球顶级区域创业生态系统TOP30榜单，分别是北京（排名第4）、上海（排名第8）、深圳（排名第22）和杭州（排名第28）。可见，具有多样性、网络性、共生性、自我维持性等特性的创业生态系统已进入学术界和实业界的视野，并对促进创新创业活动的长足发展具有重要意义。

本书作者王玲曾是我的博士研究生，2013—2019年在研究团队主要从事新企业的机会与资源开发行为、创业生态系统及女性创业等方面的研究工作。前期她结合研究文献及调研材料，围绕国企背景下的新能源汽车新企业的机会—资源一体化行为开展探索性案例研究，研究成果发表于《科学学研究》。2015年开始，其研究重点由单一主体的创业行为逐渐转向多主体视角下的创业生态系统，并与研究团队成员合作开展了一系列研究。为了更好地把握创业生态系统的研究脉络，我们团队成员合作完成论文《创业生态系统研究回顾与展望》发表于2016年的《吉林大学社会科学学报》，该论文获得吉林省第十二届社会科学优秀成果奖论文类一等奖，也获得教育部第八届高等学校科学研究优秀成果奖（人文社会科学）论文类二等奖，为其日后的研究奠定了重要的理论基础。后来，她参与国家自然科学基金重点国际（地区）合作研究项目《基于机会视角的创业生态系统形成机理研究》（项目号：71620107001）。在该项目的支持下，通过梳理创业生态系统情境下女性创业的相关文献，形成论文《创业生态系统视角下女性创业研究回顾与展望》并发表于2019年的《外国经济与管理》。与此同时，研究团队赴北京中关村、深圳湾创业广场等不同区域对典型创业生态系统开展一系列实地调研活动，与不同参与主体的创业者或高层管理者进行面对面的半结构化访谈，进一步挖掘和提炼创业生态系统的网络特性及其对新企业绩效的影响机理，并由此形成博士学位论文。

本书是王玲基于其博士学位论文形成的研究成果，具有以下特点。①从研究视角来看，本书从网络视角出发，深入挖掘创业生态系统的网络特性并开发相应的测量量表，有助于填补社会网络理论对创业生态系统网络特性的解释空白，拓展社会网络理论的情境边界；②从研究对象来看，本书以创业生态系统中的新企业为研究对象，基于社会网络理论、社会认同理论和知识基础观等经典理论，构建网络特性、网络拼凑、吸收能力与新企业绩效的关系模型，有助于揭示创业生态系统情境下新企业绩效提升的内在机制；③从研究方法来看，本书综合运用理论提炼、案例分析和实证检验等多种研究方法，在一定程度上弥补了单一研究方法的局限与不足，有助于提升研究结论的科学性和严谨性。综上所述，本书是王玲博士及研究团队成员的智慧结晶，研究成果可以进一步完善创业生态系统理论，对日后相关学术研究和创业实践活动具有启发作用，因此值得推荐。

蔡 莉

吉林大学管理学院教授，博士生导师

吉林大学创新创业研究院院长

◇ 前 言

　　创业生态系统是提高区域创业活动水平和促进经济快速发展的重要支撑，其能够开发丰富的创业机会和资源，促进多主体间网络关系的搭建，从而为新企业的生存和发展提供支持性的创业环境。近年来，创业生态系统如何促进新企业生存和成长成为学术界和实业界共同关注的问题。创业生态系统是由企业、政府、投资机构、高校和科研机构以及中介机构等主体构成的复杂网络，且嵌入网络的各个主体之间相互联系、彼此依赖。新企业能够借助创业生态系统主体间的网络关系解决资源瓶颈和合法性缺失等问题，从而成功地开发创业机会，进而提高创业产出。可见，创业生态系统的网络关系对新企业绩效至关重要。

　　立足现实和理论背景，本书提出以下4个研究问题。①创业生态系统网络具有哪些特性？②创业生态系统中的新企业如何利用网络特性提升绩效？③创业生态系统中的新企业如何通过网络拼凑行为提升绩效？④不同类型的吸收能力在网络拼凑与新企业绩效间发挥何种作用？

　　为了回答以上问题，本书在提炼创业生态系统网络特性的基础上，构建创业生态系统中网络特性、网络拼凑、吸收能力与新企业绩效的关系模型，揭示创业生态系统的网络特性对新企业绩效的影响机制。本书通过系统梳理相关理论和已有研究，总结并推导出创业生态系统的网络特性，提出"网络特性—行为—能力—新企业绩效"的预设模型；选取北京中关村和深圳湾创业广场的4家新企业进行案例分析，进一步探索其核心构念维度。创业生态系统中的网络特性主要包括关系异质性、关系多重性和关系变化性，网络拼凑根据网络加工程度的不同可划分为利用现有网络进行资源拼凑、重组现有网络进行资源拼凑和利用现有网络创造新的网络进行资源拼凑。本书基于社会网络理论、社会认同理论和知识基础观以及创业生态系统及其网络、资源拼凑和吸收能力相关研究，构建创业生态系统中的"网络特性—网络拼凑—吸收能力—新企业绩效"的理论模型。随后，本书依据理论模型中各变量之间的关系提出并论述相关研究假设；向北京中关村和深圳湾创业广场的新企业发放调查问卷，得到163家新企业的326份有效问卷，并采用统计分析软件SPSS 24.0和AMOS 24.0对收集的数据进行因子分析、相关性分析和多元线性回归分析等，得到假设检验结果。本书共提出17条研究假设，其中的14条研究假设得到数据支持，3条假设未通过实证检验，并据此提出本书的最终研究结论。

本书结合理论分析、定性研究和定量研究等多种分析方法，得到以下研究结论。①创业生态系统网络关系具有异质性、多重性和变化性；②关系异质性、关系多重性和关系变化性均对新企业绩效具有积极影响；③关系异质性、关系多重性和关系变化性均对网络拼凑具有积极影响；④网络拼凑对新企业绩效具有积极影响；⑤网络拼凑分别在关系异质性、关系多重性和关系变化性与新企业绩效间具有中介作用；⑥网络拼凑对潜在吸收能力和实际吸收能力具有积极影响；⑦潜在吸收能力和实际吸收能力对新企业绩效具有积极影响；⑧潜在吸收能力在网络拼凑与新企业绩效间具有中介作用。

综上所述，本书提出创业生态系统的网络特性，揭示创业生态系统的网络特性对新企业绩效的影响机制，发现创业生态系统的网络特性作用于网络拼凑，进而影响新企业绩效，潜在吸收能力是网络拼凑向新企业绩效转化的关键路径。本书的相关研究具有一定的创新性和理论贡献。

1. 本书针对社会网络理论及创业生态系统网络的研究缺口提出创业生态系统的网络特性并开发其量表，有利于拓展社会网络理论的情境边界

本书从网络视角出发，以创业生态系统中的新企业为研究对象，采用理论分析和探索性的多案例研究方法总结和提炼创业生态系统的网络特性并对

其量表进行开发。本书提出的创业生态系统的网络特性主要包括关系异质性、关系多重性和关系变化性。在此基础上,本书结合关系异质性、关系多重性和关系变化性的已有研究,开发创业生态系统的网络特性测量量表并应用于本书的实证研究,这有助于弥补社会网络理论对创业生态系统中新企业网络特性的研究空白,拓展社会网络理论的情境边界。

2. 本书立足于资源拼凑的相关研究,剖析网络拼凑的维度,有助于探索网络拼凑行为的内核

基于网络拼凑的理论缺口,本书通过系统梳理资源拼凑的研究文献,总结资源拼凑的内涵、核心要素、类型等,为探索网络拼凑的核心维度提供理论依据。本书对网络拼凑的内涵及相关研究进行整理和总结,结合创业生态系统的共生性(网络结构、治理机制和共享逻辑)及网络拼凑的内涵,发现创业生态系统中新企业的资源拼凑方式以网络拼凑为主;通过理论分析以及对创业生态系统中4家新企业的案例材料进行编码分析后提炼网络拼凑的3个维度;根据网络加工程度的不同将网络拼凑划分为利用现有网络进行资源拼凑、重组现有网络进行资源拼凑和基于现有网络创造新的网络进行资源拼凑,进而探索网络拼凑行为的内核,发现新企业可以结合自身资源禀赋和不同类型的创业机会,开发并选择适合的网络拼凑方式。本书通过文献梳理和案例分析提炼网络拼凑维度,在Senyard、Baker和Davidsson(2009)编制的资源拼凑经典量表的基础上,将资源拼凑的题项归纳到网络拼凑的3个维度,并对相关题项进行修改和完善,经有效性检验得到良好量表的信度和效度,最终形成网络拼凑量表;将量表应用于本书的实证研究以检验创业生态系统中网络特性、网络拼凑、吸收能力与新企业绩效间的关系。一方面,本书通过剖析网络拼凑的维度在一定程度上探索了网络拼凑的内核;另一方面,本书的研究弥补了现有研究中网络拼凑的测量量表及相关实证研究的缺失,为未来网络拼凑的深入探究奠定一定的理论基础。

3. 本书从网络视角出发，构建创业生态系统中网络特性、网络拼凑、吸收能力与新企业绩效的关系模型，揭示创业生态系统中新企业绩效提升的内在机制

本书从网络视角出发，基于社会网络理论、社会认同理论和知识基础观以及创业生态系统及其网络、资源拼凑和吸收能力的相关研究，遵循"特性—行为—能力—结果"的经典研究范式，构建创业生态系统中网络特性、网络拼凑、吸收能力与新企业绩效的关系模型。具体而言，本书的研究思路分为两个部分。一是揭示创业生态系统的网络特性对新企业绩效的作用机制。本书构建创业生态系统的网络特性（关系异质性、关系多重性和关系变化性）、网络拼凑与新企业绩效间的关系模型，分别分析其关系及其中介作用。二是研究网络拼凑对新企业绩效影响的机理。本书构建网络拼凑、吸收能力与新企业绩效的关系模型，分析其关系，并分析潜在吸收能力在网络拼凑与新企业绩效间的中介作用。综上，本书通过构建网络特性、网络拼凑、吸收能力与新企业绩效间的关系模型填补已有文献中相关研究的空白，并揭示创业生态系统中新企业绩效提升的内在机制。

◇ 目　录

第1章　绪论 ··· 1
1.1　研究背景 ··· 1
1.1.1　现实背景 ··· 1
1.1.2　理论背景 ··· 5
1.2　研究意义 ··· 8
1.2.1　现实意义 ··· 8
1.2.2　理论意义 ··· 9
1.3　研究内容与结构安排 ·· 10
1.4　研究方法与技术路线 ·· 13
1.4.1　研究方法 ·· 13
1.4.2　技术路线 ·· 15

第2章　理论基础与研究综述 ··· 16
2.1　理论基础 ·· 16
2.1.1　社会网络理论 ·· 16
2.1.2　社会认同理论 ·· 18
2.1.3　知识基础观 ··· 20
2.2　创业生态系统研究综述 ··· 23
2.2.1　创业生态系统的相关研究 ··· 23
2.2.2　创业生态系统网络的相关研究 ····································· 26

2.2.3 创业生态系统的研究述评 ·· 35
2.3 资源拼凑研究综述 ··· 35
　　2.3.1 资源拼凑的内涵及核心要素 ·· 36
　　2.3.2 资源拼凑的类型 ·· 38
　　2.3.3 资源拼凑的相关实证研究 ·· 40
　　2.3.4 创业生态系统中的网络拼凑 ·· 42
　　2.3.5 资源拼凑的研究述评 ·· 43
2.4 吸收能力研究综述 ··· 44
　　2.4.1 吸收能力的内涵 ·· 44
　　2.4.2 吸收能力的维度 ·· 46
　　2.4.3 吸收能力的测量 ·· 47
　　2.4.4 与吸收能力相关的实证研究 ·· 48
　　2.4.5 吸收能力的研究述评 ·· 50
2.5 本章小结 ··· 51

第3章 基于案例研究的理论模型构建 ·· 52
3.1 模型预设 ··· 52
3.2 案例研究设计 ··· 53
　　3.2.1 研究方法 ··· 53
　　3.2.2 案例选取 ··· 54
　　3.2.3 数据收集及信度、效度保障 ·· 55
　　3.2.4 数据编码与分析 ·· 57
3.3 基于案例分析的构念内涵及维度探索 ·· 59
　　3.3.1 网络特性的内涵及维度探索 ·· 59
　　3.3.2 网络拼凑的内涵及维度探索 ·· 61
　　3.3.3 吸收能力的内涵及维度探索 ·· 62
3.4 基于案例分析的理论模型构建 ·· 63

  3.4.1 网络特性、网络拼凑与新企业绩效 ………………………… 63
  3.4.2 网络拼凑、吸收能力与新企业绩效 ………………………… 68
  3.4.3 理论模型的构建 ……………………………………………… 73
 3.5 本章小结 …………………………………………………………… 75

第4章 研究假设的提出 …………………………………………………… 76
 4.1 网络特性与新企业绩效：网络拼凑的中介作用 ………………… 77
  4.1.1 关系异质性与新企业绩效 …………………………………… 77
  4.1.2 关系多重性与新企业绩效 …………………………………… 79
  4.1.3 关系变化性与新企业绩效 …………………………………… 81
  4.1.4 网络拼凑与新企业绩效 ……………………………………… 84
  4.1.5 关系异质性与网络拼凑 ……………………………………… 86
  4.1.6 关系多重性与网络拼凑 ……………………………………… 89
  4.1.7 关系变化性与网络拼凑 ……………………………………… 90
 4.2 网络拼凑与新企业绩效：吸收能力的中介作用 ………………… 93
  4.2.1 潜在吸收能力与新企业绩效 ………………………………… 94
  4.2.2 实际吸收能力与新企业绩效 ………………………………… 96
  4.2.3 网络拼凑与潜在吸收能力 …………………………………… 98
  4.2.4 网络拼凑与实际吸收能力 …………………………………… 100
 4.3 本章小结 …………………………………………………………… 103

第5章 实证研究设计 …………………………………………………… 105
 5.1 问卷设计 …………………………………………………………… 105
 5.2 数据收集与样本特征 ……………………………………………… 107
  5.2.1 数据收集 ……………………………………………………… 107
  5.2.2 样本特征 ……………………………………………………… 109
 5.3 变量测量 …………………………………………………………… 110

5.4 问卷的有效性检验 ·· 117
    5.4.1 信度、效度的检验方法 ································· 117
    5.4.2 网络特性量表的信度、效度检验 ························ 118
    5.4.3 网络拼凑量表的信度、效度检验 ························ 122
    5.4.4 吸收能力量表的信度、效度检验 ························ 123
    5.4.5 新企业绩效量表的信度、效度检验 ······················ 126
5.5 同源方法偏差检验 ·· 127
5.6 本章小结 ·· 128

第6章 实证分析与结果讨论 ·· 129

6.1 描述性统计与相关性分析 ······································ 129
6.2 实证分析 ·· 130
    6.2.1 网络特性对新企业绩效的影响机制检验 ·················· 130
    6.2.2 网络拼凑对新企业绩效的影响机制检验 ·················· 136
6.3 结果讨论 ·· 140
    6.3.1 网络特性对新企业绩效的影响机制分析 ·················· 141
    6.3.2 网络拼凑对新企业绩效的影响机制分析 ·················· 147
6.4 对新企业或创业者的启示 ······································ 151
6.5 本章小结 ·· 157

第7章 结论与展望 ·· 158

7.1 研究结论 ·· 158
7.2 创新点 ·· 159
7.3 研究不足与未来研究展望 ······································ 162

参考文献 ·· 165

第1章 绪论

创业是促进经济增长和社会进步的原动力。在中国经济转型的背景下，构建创业型社会是完善经济体制改革的重要目标之一。多年来，研究人员和企业实践者携手并进、砥砺前行，致力于新企业的创建和创业水平的提高。据此，作为创业活动新引擎的创业生态系统应运而生，并得到学术界和实业界的广泛关注。创业生态系统能否助力新企业的生存和成长，以及处于创业生态系统中的新企业如何运用创业生态系统的支持功能克服新生劣势以实现生存和成长是当前亟待解决的问题。本章主要对本书的研究背景、研究意义、研究内容与结构安排、研究方法与技术路线进行介绍。

1.1 研究背景

1.1.1 现实背景

创业生态系统在生物学、管理学、经济学、心理学等学科的共同孕育下产生。从美国硅谷和波士顿的"128号公路"（Boston's Route 128）到中国北京中关村和深圳湾创业广场，创业生态系统历经了几十年的发展和变迁。世界经济论坛（World Economic Forum）、考夫曼基金会（Kauffman Foundation）和经济合作与发展组织（Organization for Economic Co-operation and Development）等一系列国际经济组织将创业生态系统认定为一种新型的经济发展战略和重要的支撑结构。《2019年全球创业生态系统报告》(*Global Startup Ecosystem Report* 2019)显示,在全球30大创业生态系统中,有3个系统来自中国,即北京(第3名)、上海(第8名)和中国香港(第25名);深圳和杭州也进入快速发展的新兴创业生态系统行列[①]。截至2019年5月,北京中关村已入驻高新技术企业25571家,其中上市公司320余家、新三板挂牌企业1618家;有效发明专利106487件,在北京市企业同期发明专利总量中占比达64.8%[②]。由此可见,中国创业生态系统发展迅猛并日趋完善。

创业生态系统是促进新企业生存和发展的良性土壤,新企业也是推动创业生态系统可持续发展的重要力量,创业生态系统与新企业创业活动之间相互依存、彼此促进。基于此,本书从网络视角将新企业与创业生态系统纳入同一个框架,深入探讨创业生态系统如何促进新企业的生存和发展,以及新企业如何利用创业生态系统的网络关系提升绩效并推动创业生态系统的成熟和完善。据此,本书分别介绍中国典型的创业生态系统——北京中关村和深圳湾创业广场的网络主体和网络关系特点。

1. 北京中关村网络

北京中关村20世纪80年代被称为"电子一条街",其在政府的大力支持和推动下逐步建立并发展,并由北京市政府派驻机构——中关村科技园区管理委员会负责运营和管理,联合高等院校、创业企业、投资机构等主体促进科技创新成果的转化。中关村历经多个阶段的发展,形成了"一区十六园"的空间格局。

(1)从网络主体来看,网络主体多样性显著提升,主体作用发生变化。北京中关村从聚集企业、政府、高校和科研机构3类主体逐渐转变为成熟企业、政府、高校和科研机构、投资机构以及创业服务机构5类主体。"电子一条街"时期,在中国科学院物理所研究员陈春先创办等离子学会先进技术发

---

① 资料来源:https://startupgenome.com/reports。
② 资料来源:http://zgcgw.beijing.gov.cn/。

展服务部的带动下，多家科技型企业在电子一条街聚集，如四通、科海、信通、京海等。《中关村电子一条街调查》显示，1987年，"电子一条街"聚集科技型企业148家、高校和科研机构177家，技术成果辐射全国并带动一批中小型企业的发展，产生了巨大的经济和社会效益。随后，在海淀区人民政府和国家科学技术委员会的牵头下，企业与周边高校、银行等主体建立关系，协同促进电子一条街的发展。在经历由电子一条街到一区十六园国家自主创新示范区的一系列演化和变迁后，现阶段的北京中关村主要包括成熟企业和新企业、政府、高校和科研机构、投资机构以及中介服务机构5类网络主体，主体多样性得到显著提升。同时，网络主体的作用发生变化。如在电子一条街时期，其主要依靠政府推动园区成长及关系构建，政府直接治理并作为核心主体推动企业与其他主体的关系构建。现阶段政府的功能主要为政策引导、搭建平台和监督治理，园区主要依靠市场化运作，企业、投资机构、高校和科研机构等主体间主要通过市场化机制建立联系，成功实现从政府主导向政府引导的主体功能转型。

（2）从网络关系数量和范围来看，主体间网络关系的数量显著提升，形成多层次网络结构。随着时间的推移，主体间松散的网络关系逐渐演化为紧密的多层次网络关系。主体之间具有个体间、组织间、孵化器间以及园区间等多层次关系，不同层次的关系相互依赖、相互作用。例如，清华大学、北京大学等41所代表性高校在中关村内搭建大学科技园，实现产学研紧密结合，不同园区间互联互通、协同发展；以BAT企业为代表的一系列大型企业（百度系、联想系和金山系等）构建自己的"小生态"，形成中关村园区内部"大生态"与"小生态"之间多层次嵌套的网络关系。此外，园区内的投资关系呈现多层次化，由原来的单一企业与单一投资机构对接，到现阶段的企业对接投资平台，如园区内新企业直接对接中关村中小企业融资服务平台、投资机构对接大企业平台。

2. 深圳湾创业广场网络

深圳湾创业广场于2015年6月开街，是由国有企业深圳市投资控股有限公司（简称深投控）及子公司深圳湾科技发展有限公司打造的创新、创业、创投、创客"四创"联动主题街区，是继北京中关村后的中国第二个大型创业者集聚地。深投控以招商形式吸引各类主体，形成集聚效应并与入驻机构联合投资、共同孵化新企业。

（1）从网络主体来看，深圳湾创业广场的网络主体具有多样化的特点。深圳湾创业广场聚集大企业、新企业、投资机构、创业服务机构、高校和科研院所以及政府等多种类型的主体。如腾讯、阿里巴巴、百度等大型企业，众投邦、天使汇等投融资交流平台，3W咖啡、IC咖啡和梧桐会等创业交流机构，深圳风投、创东方等创业孵化机构，南极圈、硅谷创业者学院等创业培训机构，36氪、创业邦和爱范儿等科技媒体。2016年之前深圳市仅有12所高校，由深圳市政府牵头与清华大学、北京大学、中国科学院大学、上海交通大学建立合作，共建深圳校区。政府主要起搭建和协调主体关系的作用，通过出台相应扶持政策推动主体间的互动，进而促进整个园区的发展。深圳湾创业广场的发展主要依靠市场化运作，通过整合国有企业深圳市投资控股有限公司及其引进的各类大企业、投资机构、创业孵化机构等实现资源互补，建立一体化的创业服务平台，从而全方位孵化新企业以共创价值。

（2）从网络关系来看，深圳湾创业广场的各主体间在市场机制主导、政府支持和引导的共同作用下，基于业务联系及共同愿景形成复杂的网络结构。主体间基于市场机制建立关系，具有代表性的是政府与深投控之间的关系，政府不是直接给予深投控资金支持，而是以政府项目合作的形式与其建立关系。同时，新企业与不同主体建立多样化的网络关系，深投控与企业和非企业性质机构以联合投资的方式进行合作，协同孵化苗圃期、初创期及早期成长的新企业。此外，深圳湾创业广场存在多个层次的网络关系，大企业嵌入创业生态系统的网络，也构建小生态网络。如腾讯系企业南极圈通过孵化新的创业服务机构"北极牛"完善园区内的孵化链条，服务新企业。

因此，深圳湾创业广场具备大生态网络和小生态网络的多层次嵌套型网络特征。

1.1.2 理论背景

创业研究最早可以追溯到以Schumpeter、Hayek和Von Mises为代表的奥地利经济学派的研究。Carlsson等（2013）。Schumpeter（1934）提出的经济发展理论（The theory of economic development）强调创业活动是通过创造性地打破市场的均衡状态驱动经济发展的。Kirzner（1973，1979，1985）结合Hayek（1945）和Von Mises（1949）的研究，强调了知识对机会识别的作用在非均衡市场环境中。Kihlstrom和Laffont（1979）借鉴Knight（1921）提出的创业模型提出在环境不确定条件下的竞争不均衡理论。在Timmons（1985）提出经典的创业三要素模型（机会、资源和创业团队）的基础上，创业研究日渐兴起，创业学者开始关注制度、市场、文化等情境因素的重要性，认为新企业的创业行为随着社会和经济环境的变化而变化（Dubini，1989；Van de Ven，1993；Spilling，1996；Neck et al.，2004）。探讨创业企业如何通过与环境的互动促进创业成功（Moroz and Hindle，2011；Ucbasaran，Westhead and Wright，2001；Wright and Marlow，2012；Thompson，Purdy and Ventresca，2018）。近年来，有学者开始关注从系统论和跨学科的视角重新审视创业与情境间的关系（Acs，Autio and Szerb，2014；Qian，Acs and Stough，2013）。基于此，创业生态系统逐渐取得学者们的关注。

创业生态系统是由一系列主体（企业、政府、投资机构、高校和科研机构以及中介机构等）和环境要素（制度、市场和文化等）构成的有机整体，通过促进创业企业的生存和成长提高区域创业活动水平（Mason and Brown，2014；蔡莉等，2016；Thompson，Purdy and Ventresca，2018）。一些学者将创业生态系统视作由多主体构成的复杂价值网络（Neck et al.，2004；Cohen，2006；World Economic Forum，2013；Curley and Formica，

2013; Stam, 2015; Elia, Margherita and Petti, 2016; Neumeyer et al., 2019; McAdam, Harrison and Leitch, 2019)。在创业生态系统网络中，主体间相互联系，共同开发创业机会，进而维持创业生态系统的持续运转。因此，作为创业生态系统的典型特征之一（Isenberg, 2010; Feld, 2012; 蔡莉等, 2016; Spigel, 2017; Spigel and Harrison, 2018; Neumeyer et al., 2019），网络是探究创业企业与创业生态系统之间互动关系的重要理论视角。已有研究虽然对创业生态系统网络的特征进行了简单的理论描述（Roundy, Bradshaw and Brockman, 2018; Kerrick et al., 2014），但学者对创业生态系统网络特性的挖掘尚不充分，对创业生态系统的网络特性对新企业绩效的影响机制有待深入分析和检验。

社会网络理论认为，新企业所嵌入的社会网络能够帮助其整合互补性资源并改善绩效（Lin, 1981; Granovetter, 1985; Hoang and Antoncic, 2003）。新企业对其他主体的行为规则、价值逻辑和共同目标等的认同，驱动资源整合行为的产生，并经多主体的互动共同开发创业机会，进而创造价值（Tajfel et al., 1971; Ashforth and Mael, 1989）。新企业由于缺乏与投资机构、供应商及客户间的稳定联系，资源提供者往往限制对其的投入，资金缺乏使新企业的创业失败率大幅增加（Stinchcombe, 1965; Navis and Glynn, 2010; Desa and Basu, 2013）。因此，新企业内部的自有资源难以帮助其克服资源约束，往往需要借助网络关系整合外部资源以满足机会开发的需求。网络拼凑为新企业利用网络关系拼凑外部资源、克服新生劣势提供新思路。网络拼凑是一种重要的资源拼凑方式，是基于网络关系进行的拼凑活动（Baker, Miner and Eesley, 2003; Baker, 2007; Duymedjian and Rüling, 2010）。资源拼凑的核心逻辑在于，受资源约束的新企业通过即刻行动，重组手头资源以达成新目标，新企业通过提供独特产品和服务以应对新机会和挑战（Baker and Nelson, 2005）。资源拼凑的思想能够在一定程度上填补企业成长理论和资源基础观理论的空白（Baker and Nelson, 2005; Steffens, Senyard and Baker, 2009）。因此，网络拼凑是基于现有网络关系解决企业资源约束的有效途径，其能够对创业者如何赋予廉价甚至免费资源价值的疑问作出解答，适用于探讨在资源匮乏情境下新企业如何实现生存和成长的问题。网络拼凑有助于解释新企业如何利用网络关系进行资源拼凑突破资源瓶颈，进而提升新企业绩效的过程机制。现有的对资源拼凑的研究较丰富，但网络拼凑研究仍处于理论探讨阶段，现有研究主要围绕网络拼凑的概念界定及其对新企业生存及成长的作用进行分析（Baker, Miner and Eesley, 2003; Baker, 2007; Duymedjian and Rüling, 2010; Kannampuzha and Suoranta, 2016; Tasavori, Kwong and Pruthi, 2018），尚未对网络拼凑的维度划分、测量量表以及相关实证研究进行深入的探讨和剖析，特别是缺乏在创业生态系统的情境下网络特性、网络拼凑、吸收能力与新企业绩效间的研究。

根据知识基础观可知，知识是最具战略价值的资源（Conner and Prahalad, 1996; Grant, 1996），知识价值的实现依赖于对知识进行管理的能力（Kogut and Zander, 1992）。吸收能力是指通过识别外部知识的价值、同化并应用于商业活动的能力（Cohen and Levinthal, 1990），其通过知识管理帮助企业创造价值，主要体现在知识获取、同化、转化和利用4个方面（Zahra and George, 2002）。在创业生态系统中，新企业在与其他主体进行多种资源和认知等方面的互动后，获得的知识和经验需要经过吸收才能转化为价值。通过梳理文献可以发现，现有研究主要对吸收能力的影响因素、吸收能力与企业绩效间关系等进行探讨，但以吸收能力作为中介变量探究新企业绩效提升机制的研究相对较少，特别是在创业生态系统的独特情境下探讨吸收能力在网络拼凑与新企业绩效间的中介作用更为罕见，结合案例分析和实证研究探讨创业生态系统中新企业如何提升吸收能力的研究也较匮乏。因此，本书引入吸收能力这个因素，一方面从知识的视角揭示网络拼凑对新企业绩效关系的作用机制、完善创业生态系统中新企业绩效提升的理论并进行解释；另一方面丰富吸收能力的情境化研究并填补吸收能力的研究空白。

1.2 研究意义

本书从创业实践活动中挖掘现实问题，通过梳理社会网络理论、社会认同理论以及资源基础观等经典理论和创业生态系统及其网络关系、资源拼凑以及吸收能力的相关研究探寻解决问题的基本思路。基于探索性多案例分析，构建创业生态系统中网络特性、网络拼凑、吸收能力以及新企业绩效间的理论模型并提出研究假设，采用问卷调查和实证分析的方法对假设进行检验。

综上，本书通过"实践观察—理论分析—案例研究—实证检验"的科学研究逻辑，探讨创业生态系统的网络特性对新企业绩效的影响机制，具有重要的现实意义和理论意义。

1.2.1 现实意义

本书探讨创业生态系统的网络特性对新企业绩效的影响机制，旨在回答创业生态系统如何为新企业提供良好的创业土壤以促进新企业成长，以及新企业利用创业生态系统中的环境优势提高新企业绩效，从而维护创业生态系统的平稳运行，解决可持续发展的现实问题，这对创业生态系统的构建者、新企业的创建者以及相关企业或非企业性质机构均具有重要的实践指导意义。

（1）提炼创业生态系统的网络特性以及网络特性对新企业绩效的影响机制，对创业生态系统的构建者具有一定的启发作用。基于创业生态系统的网络特性产生的积极作用，可以促进创业生态系统的构建者支持生态系统内多个主体间搭建网络关系，如开展路演活动、开设创业咨询服务中心、为企业或非企业机构答疑解惑。同时，政府可以协调和维持多主体间的网络，如政府出台相应的扶持政策、鼓励合作孵化新企业、增强网络的稳定性；平台构建者可以应用物联网技术，实施跨界融合的战略布局，将不同行业、规模及性质的主体联系起来，并不断吸引新主体的加入以提高网络拼凑的灵活性。

（2）创业生态系统的网络特性通过促进新企业的网络拼凑行为进而提升绩效的过程机制研究对新企业具有一定的指导作用。创业生态系统的网络特性鼓励新企业加入多主体集聚的创业生态系统，创业活力强的区域能够促进主体间的交流和互动，有助于新企业搭建与大企业、投资机构、高校及科研机构等主体的网络关系；网络拼凑有助于为新企业解决新生劣势问题提供新思路，新企业可以利用与其他主体间的网络关系拼凑互补性资源，解决新企业的资源约束和合法性缺失等问题。

（3）基于创业生态系统中网络特性、网络拼凑、吸收能力与新企业绩效间的关系，为创业生态系统中的政府、大企业、投资机构、高校和科研机构以及中介机构等多主体提供行动指引和理论参考。创业生态系统的网络特性能够促进多主体间的资源、知识和认知等的交互，促进新企业的网络拼凑活动，提升其吸收能力进而改善绩效，这一过程对其他主体的机会开发也具有一定的推动作用。在多主体的交互作用下，多主体共同识别新的创业机会，多主体间反复质询和评估新机会，并借助与其他主体间的关系拼凑互补性资源，从而成功开发创业机会。综上，创业生态系统能够为多主体提供交流互动的场所和机会，有助于多主体间共同进行机会开发、实现共赢。

1.2.2 理论意义

本书基于社会网络理论、社会认同理论、知识基础观以及创业生态系统及其网络、资源拼凑和吸收能力等相关研究，揭示创业生态系统的网络特性对新企业绩效的影响机制。本书的理论框架分两个部分：一是从网络视角揭示创业生态系统中网络特性、网络拼凑与新企业绩效的关系；二是从知识的视角剖析网络拼凑、吸收能力与新企业绩效间的关系。本书的研究内容及结论具有重要的理论意义。

（1）基于创业生态系统，已有研究以及创业生态系统的多样性、网络性、共生性、竞争性、自我维持性和区域性等特性，提炼创业生态系统的网络特性。本书在理论分析和案例研究的基础上，开发创业生态系统的网络特性的测量量表；在社会网络理论和社会认同理论的经典逻辑下，构建创业生态系统中网络特性、网络拼凑与新企业绩效的关系模型并验证相关研究假设。创业生态系统网络特性的提出能够在一定程度上弥补创业生态系统网络的研究空缺，同时创业生态系统的网络特性对新企业绩效的影响机制研究有助于打开创业生态系统网络特性提升新企业绩效作用的"黑箱"，拓展社会网络理论和社会认同理论在创业生态系统情境下的理论边界。

（2）创业生态系统的网络性和共生性可以促进新企业创造性地利用网络关系进行拼凑活动。在创业生态系统主体间网络结构、共享逻辑和治理机制的共同作用下，网络拼凑成为创业生态系统中新企业资源拼凑的主要方式。本书通过理论分析和案例研究剖析创业生态系统中网络拼凑的维度，并在已有资源拼凑经典量表的基础上修改形成网络拼凑的测量量表，这有助于深化网络拼凑的理论内涵、突破原有网络拼凑的研究范式、探索网络拼凑的内核并为未来的研究奠定理论基础。

（3）本书结合创业生态系统的情境，在知识基础观以及资源拼凑和吸收能力等相关研究的基础上，构建网络拼凑、吸收能力与新企业绩效间的关系模型，结合理论分析和理论模型提出研究假设并通过问卷调查和实证分析验证相关研究假设以揭示网络拼凑对新企业绩效的影响机制和分析吸收能力的中介作用。上述研究有助于完善吸收能力的情境化研究和揭示网络拼凑对新企业绩效的深层次作用机制。

1.3 研究内容与结构安排

创业生态系统能够营造良好的创业氛围，促进创业活动的持续开展。创业生态系统如何提升新企业存活率的问题受到实业界与学术界的重点关注。通过梳理经典理论和相关研究可以发现，网络视角能够将创业生态系统与新企业有机地结合，有助于打开创业生态系统对新企业绩效作用的"黑箱"。基于此，本书具体的研究内容及结构安排如下：

首先，本书通过系统梳理社会网络理论、社会认同理论和知识基础观以及创业生态系统及其网络、资源拼凑和吸收能力的相关研究，为理论框架的构建和研究假设的提出奠定理论基础。其次，选取创业生态系统中的4家新企业进行探索性多案例研究，借助定性分析软件NVIVO 12对一手和二手数据进行编码整理。一是对创业生态系统的网络特性、网络拼凑以及吸收能力进行维度探索，经理论推导和案例分析提出创业生态系统的网络特性主要包括关系异质性、关系多重性和关系变化性三个方面。新企业依据不同类型的机会开发选择不同的网络拼凑方式，根据网络加工程度的不同，网络拼凑分为利用现有网络进行资源拼凑、重组现有网络进行资源拼凑和基于现有网络创造新的网络进行资源拼凑。吸收能力包括潜在吸收能力和实际吸收能力，符合Zahra和George（2002）的经典维度划分。二是深化预设模型并构建创业生态系统情境下的"网络特性—网络拼凑—吸收能力—新企业绩效"理论模型。在此基础上，本书结合文献梳理和理论框架中变量间的关系提出相关研究假设；采用问卷调查的方式对北京中关村和深圳湾创业广场中的新企业随机发放问卷，共收取326份（163家企业）有效问卷，运用统计分析软件SPSS 24.0和AMOS 24.0对数据进行实证分析以检验研究假设，并对数据分析结果进行总结和深入讨论，提出本书对创业企业和创业者的启示。最后，提出研究结论，基于已有理论和相关研究阐明本书的创新点，总结本书的研究不足并对未来研究进行展望。

综上，本书构建创业生态系统的情境下网络特性、网络拼凑、吸收能力与新企业绩效间的研究模型，具体内容如图1.3所示。本书旨在挖掘创业生态系统的网络特性，揭示创业生态系统的网络特性对新企业绩效的影响机制以及网络拼凑和吸收能力在相应关系中发挥的中介作用。

基于上述研究问题和研究内容，本书共分7章，具体结构安排和内容如下：

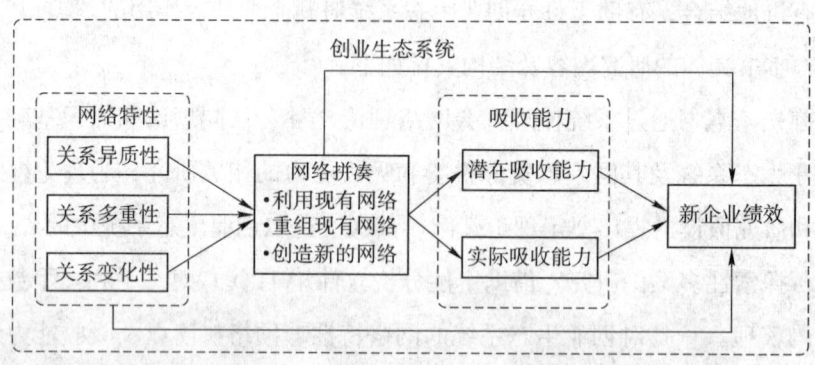

图1.1 创业生态系统的网络特性对新企业绩效的影响研究

资料来源：笔者设计得到。

第1章为绪论。包括研究背景、研究意义、研究内容与结构安排以及研究方法与技术路线4个部分。本章立足现实背景和理论背景，明确现实问题和理论空缺；通过介绍现实意义和理论意义阐述研究的必要性和可行性，旨在更好地解决研究问题；提出研究内容并构建合理的结构；选择多种与研究问题相契合的方法并设计科学的技术路线，提高研究结论的科学性和严谨性。本章提出的研究目的和研究任务，对全书起统领作用。

第2章为理论基础与研究综述。本章根据本书的研究内容，梳理经典理论和相关研究文献。一方面，对社会网络理论、社会认同理论和知识基础观的核心构念、理论逻辑及应用进行介绍；另一方面，就创业生态系统及其网络、资源拼凑以及吸收能力的内涵、维度、特性、研究现状等进行系统回顾，总结研究现状与研究局限。本章为本书研究框架的构建奠定了坚实的理论基础。

第3章为基于案例研究的理论模型构建。在第2章的基础上，本章进行了理论模型预设；设计案例研究方法，具体涉及案例研究方法的选择、案例企业的选取、数据的收集及信度和效度保障以及数据编码与分析；基于案例分析进一步细化并构建网络特性、网络拼凑、吸收能力与新企业绩效间的理论模型。

第4章为研究假设的提出。基于前文构建的理论框架，本章结合理论基础和已有研究文献，进一步论证创业生态系统的网络特性、网络拼凑与新企业绩效的关系以及网络拼凑、吸收能力与新企业绩效间的关系，并通过理论推导提出相应的研究假设。

第5章为实证研究设计。为提升实证研究结论的准确性与可靠性，本章的实证研究设计主要涵盖问卷设计、数据收集、样本特征、变量测量、问卷的有效性检验以及同源方法偏差检验6个部分。

第6章为实证分析与结果讨论。按照第5章的研究设计，本章在对收集的数据进行有效性检验和同源方法偏差检验的基础上，采用相关性分析和多元线性回归等方法对数据进行实证分析，研究前文提出的研究假设；将统计分析软件显示的描述性统计和相关性分析结果、多元回归结果进行整理，对实证检验结果进行深入讨论，并据此对创业活动实践提出相应的建议。

第7章为结论与展望。本章主要介绍本书的研究结论，并结合理论基础和已有研究对本书的创新点进行归纳与总结，提出本书的局限性并据此提出未来研究的方向。

1.4　研究方法与技术路线

1.4.1　研究方法

本书采用理论分析、定性研究和定量研究相结合的方法探讨创业生态系统的网络特性及其对新企业绩效的影响机制。首先，本书通过系统梳理现有理论和相关文献，为研究框架的构建提供理论指引；其次，基于案例分析细化并构建网络特性、网络拼凑、吸收能力与新企业绩效间的理论框架；最后，实证检验理论框架设计的研究假设。

（1）理论分析—文献查阅和梳理。本书以entrepreneur*、new venture*、emerging venture*、founder*、spin-off*、start-up*、emerging business*、small business*、venture initiation*、ecosystem*、network*、tie*、relationship*、connect*、social capital*、social embedded*、relational capital*、relational embedded*、heterogeneity*、multiplexity*、variability*、bricolage*、absorptive capacity*以及new firm performance*等为检索的核心关键词，以2000—2019年为论文发表的时间区间，在EBSCO（Business Source Complete）、Web of Science和ScienceDirect等国外数据库以及中国知网、万方数据库等国内检索系统中进行检索，通过对研究文献进行系统梳理，总结研究现状、研究不足，并对未来研究进行展望。理论分析为研究问题的提出和理论框架的构建奠定了理论基础。

（2）定性研究—案例分析。依据筛选标准，本书选取北京中关村和深圳湾创业广场的4家新企业为案例企业，对收集的一手访谈数据和二手公开数据进行整理，运用定性分析软件NVIVO 12对数据进行编码，再对编码结果进行分析。本书一方面深入探索创业生态系统中网络特性、网络拼凑和吸收能力的内涵和维度；另一方面进一步深化预测模型，构建创业生态系统中网络特性、网络拼凑、吸收能力与新企业绩效的理论框架。案例分析的定性研究方法为本书研究假设的提出和研究结论的论述提供理论基础和例证。

（3）定量研究—问卷调查与实证检验。本书基于理论分析和案例研究构建的理论研究框架，采用问卷调查和实证检验的方法提出相关研究假设。在北京中关村和深圳湾创业广场向成立10年以内的新企业大规模地发放问卷进行数据收集；运用统计分析软件SPSS 24.0和AMOS 24.0，在对样本数据进行信度、效度以及同源方法偏差检验的基础上，通过描述性统计和相关性分析以及多元线性回归分析验证研究假设。本书通过问卷调查与实证检验的定量研究方法检验研究假设并进一步深化理论模型，有助于提升研究结论的准确性与可靠性。

1.4.2 技术路线

综合上述分析,本书的技术路线如图1.4所示。

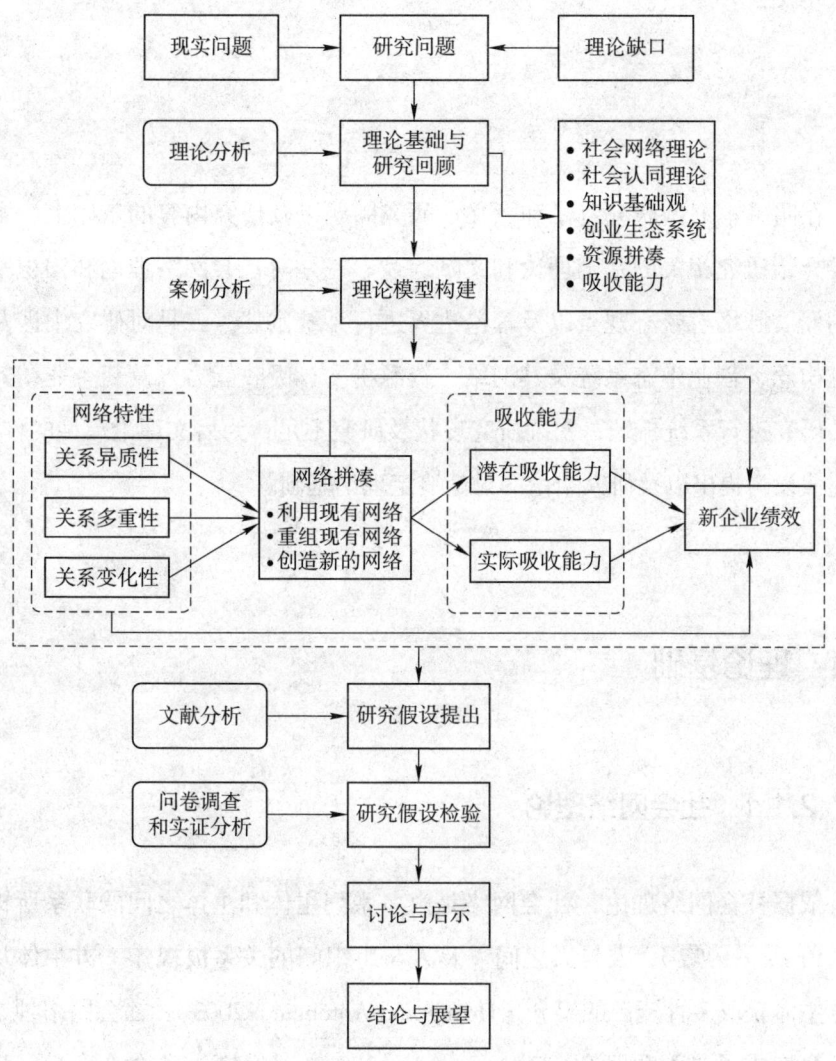

图 1.2 本书技术路线

资料来源:笔者设计得到。

第2章 理论基础与研究综述

在明确本书的研究背景和意义、研究问题以及研究内容的基础上，本章主要介绍研究相关的基础理论和文献综述。一是对社会网络理论和知识基础观的发展脉络、核心观点以及理论边界进行系统阐述；二是对研究中涉及的关键构念，创业生态系统及其网络、资源拼凑、吸收能力以及新企业绩效的相关研究进行系统梳理，明确研究现状及研究不足，为后文理论模型的构建、研究假设的提出以及研究结论的讨论奠定理论基础。

2.1 理论基础

2.1.1 社会网络理论

依据社会网络理论，社会网络是由一系列主体和主体之间的联系所构成的（Brass，1992）。人与人之间以及人与组织间的关系被视作一方主体从其他方主体获取多种资源的媒介（Hoang and Antoncic，2003）。社会网络理论发展至今形成了弱关系理论（Granovetter，1973）、社会嵌入理论（Granovetter，1985）、社会资源理论（Lin，1981）以及结构洞理论（Burt，1992）等较成熟的理论体系。这些理论主要从关系内容和关系结构两个维度进行阐述（Burt，1997），其中社会网络的内容维度强调行动主体的特征及主体间的本质，社会网络的结构维度侧重网络位置、网络闭合以及断开程度等（Rodan and Galunic，2004）。基于内容维度的代表性理论主要有弱关系理论、社会资源理论以及社会嵌入理论。Granovetter（1973）强调弱关系相较于强关系更具有价值，进而形成弱关系理论。Lin（1981）在弱关系理论的基础上，提出弱关系是获取社会资源的重要途径。Granovetter（1985）认为，行动主体因嵌入网络而发挥作用，强调其网络嵌入性。基于结构维度的代表性理论主要有结构洞理论（Burt，1992），其能够连接两个无直接关系或完全无联系的个体处于网络结构洞的位置，将企业优势归因于占据的桥接位置（bridging position），进而创造更多的价值。

有学者从20世纪80年代开始就关注社会网络在新企业创建过程中的重要作用（Birley，1985；Johannisson，1986；Aldrich and Zimmer，1986；Hansen，1995；Jensen，1999），尝试以网络方法构建新企业形成的理论（Johannisson，1986）。2000年开始，社会网络在创业领域的研究逐渐兴起（Davidsson，2016；Hoang and Antoncic，2003；Newbert，Tornikoski and Quigley，2013）。社会网络理论的一个基本假设是，创业功能（entrepreneurial function）在社会网络关系中产生并得以发展（Cuervo，Ribeiro and Roig，2007）。社会网络能够解释多层次和多情境社会交互的过程及结果，可以满足创业领域中学者综合的理论需求（Gedajlovic et al.，2013），因此，网络关系在创业领域的研究日渐兴盛。研究发现，创业者在创业过程中通常嵌入社会网络（Aldrich and Zimmer，1986）。相关研究涉及创业意向、企业成长及绩效、家族创业及新企业融资等（Liao and Welsch，2005；Maurer and Ebers，2006；Carr et al.，2011；Gopalakrishnan，Scillitoe and Sanoro，2008）。

创业领域的网络关系研究主要涵盖网络交换的内容、网络关系的治理机制以及网络结构3个方面（Hoang and Antoncic，2003）。网络交换内容的研究主要涉及有形资源和无形资源两个方面。创业者可以通过网络关系获得财务资本等有形资源（Zimmer and Aldrich，1987），也可以通过关系整合情感支撑等无形资源（Bruderl and Preisendorfer，1998）。在创业过程中，网络关系发挥的一项关键作用是获取信息和意见，创业者通常利用网络收集有价值的信息，从中产生新的创意，进而形成创业机会（Birley，1985）。此外，创业网络的利用不仅局限在企业的初创阶段，而且在企业整个发展历程中信息、建议、问题解决方案以及多种资源的交换均与网络关系密不可分（Johannisson et al.，1994）。网络关系治理能够调节并加强组织间的资源交换，进而创造成本优势（Hoang and Antoncic，2003）。其中，信任通常被认为是提升资源交换质量的关键要素（Powell，1990；Uzzi，1997；Das and Teng，1998）。也有部分学者提出网络治理依赖于权力、影响力以及声誉缺失的威胁等（Brass，1984；Thorelli，1986；Krackhardt，1990；Jones，Hesterly and Borgatti，1997）。网络结构被界定为主体间直接和间接联系所引发的关系模式，其涉及网络规模、网络中心度、网络强度、结构洞等多个构念。网络特征对企业资源的获取产生重要影响。网络规模和网络中心度限定获取资源的数量（Aldrich and Reese，1993），网络强度能够影响获取资源的多样性（Granovetter，1973），网络中结构洞的出现能够影响主体获取资源的能力（Burt，1992）。

2.1.2 社会认同理论

社会认同源于群体认同的概念（Tolman，1943；Tajfel and Turner，1985），是指个体对某种人类群体的统一性或归属感的感知（Tajfel et al.，1971）。群体认同是一个感知的认知构念，不依赖于某一特定行为或感情状态而存在（Ashforth and Mael，1989），通常体现在群体经历成功或失败的情境下（Tolman，1943；Turner，1981）。

社会认同理论认为，个体通常会将自己和其他个体划入不同社会分类中（social categories），如性别、宗教信仰以及年龄分类（Tajfel and Turner，1985）。从成员中提取的相似原型特征（prototypical characteristics）形成一种分类（Turner，1985），不同的分类个体应用不同的计划并实施行动。社会分类具备两种功能，一是从认知上将社会环境进行分割和排序，赋予个体社会

第 2 章　理论基础与研究综述

分类中的典型特征（Ashforth and Mael，1989），二是促使社会环境中的个体进行自我界定或自我定位（Hamilton，1981）。社会认同具有关联性和比较性的特征，个体对自我的界定是相对于其他分类成员的特征进行的，如女性和男性、青年人和老年人等（Tajfel and Turner，1985；Ashforth and Mael，1989）。

组织是社会环境中的一种重要社会分类，组织认同是社会认同的一种具体表现形式（Ashforth and Mael，1989），它是指个人根据其在特定组织中的成员身份进行的自我定义，使个体将组织的成功与失败感视为个体的得失（Mael and Ashforth，1992），是组织目标同个人目标趋向一致的过程（Hall，Schneider and Nygren，1970），其主要体现在归属感、共享以及忠诚度等方面（O'Reilly and Chatman，1986；Patchen，1970）。Mael（1988）开发的组织认同量表帮助后人更好地理解组织认同的内涵并拓展相关研究。例如：①当有人批评组织时，个体感觉像是对个人的侮辱；②我很感兴趣别人对组织的看法；③当提及组织时，我通常用"我们"而非"他们"指代组织；④个体将组织的成功视为个人的成功；⑤当有人称赞组织时，个体感觉这像是对个人的赞美；⑥如果有媒体报道批评组织，个体会感到尴尬。Mael和Ashforth（1992）应用Mael（1988）以及Ashforth和Mael（1989）的量表，以宗教学院的297名校友为样本分析母校认同的前置因素及结果变量后研究发现，个体因素（组织满意度、学生年龄以及性格情绪等）和组织因素（组织独特性和组织声望等）能够积极影响校友对母校的认同，进而促进校友的经济贡献，并以此建议自己的子女和其他人入学，参加各种学校活动等。

组织认同是组织行为学研究中的重要构念，其侧重社会化（socialization）、角色冲突以及群体组间关系（intergroup relations）（Ashforth and Mael，1989）。组织认同使个体通过自我界定进行社会化，通过与其他个体的互动完善和修正其在情境中的身份定位，从而提升个体对组织的忠诚度并促进组织价值观和信念的内化（internalization）。由于个体可能属于多个不同的群体或情境，是具有多重身份的混合体，这些身份会对组织产生不同的要求，而这些要求会造成不同的价值观、信仰、规范、目标以及期望的冲突。角色冲突难以通过认知整合多重身份得以解决，而是需要个体通过排序、分离和缓冲多个角色，降低不同角色带来的冲突和矛盾。此外，基于组织认同的关联性和比较性，组织认同需要通过个体间的比较得以维持（Tajfel，1978，1981），个体的自我评价和定位往往表现在对更优社会身份和自尊的渴望，而努力追求个体与参照群体之间的积极差异，容易引发群组间的关系冲突，特别是在资源紧缺等情境下，群组间冲突的特征更明显。组织认同是驱动集体行为的认知机制（Turner，1982），能够促使群体价值观、规范以及态度达成一致，进而作用于组织行为（Ashforth and Mael，1989）。组织会依据行为规范和共同目标等不断调整战略行为（Denhardt，1987；Katz and Kahn，1978）。特别是组织认同的新进入者，其非常关注所处情境的内涵，其由于暂时无法确定自己的角色定位，对身份建立表示担忧。因此，他们仔细学习政策条例、行为规范以及满足角色期望，了解权力分配和结构等，从而更好地理解组织情境以便采取行动。

此外，组织认同能够积极影响群体形成（group formation），主要包括合作、群体凝聚力和对群体的评估等（Turner，1982）。组织认同与忠诚度和自豪感密不可分。组织认同使个体拥有超越其他组织的集体心理感知，能够提升个体的忠诚度，并对组织文化产生认同感（Ashforth and Mael，1989）。组织认同的提高需要个体或组织不断与其他个体或组织进行互动，对自身定位不断进行确立和修正。符号互动论（symbolic interactionism）强调个体存在的意义不是既定的，而是由个体语言和非语言互动演化形成的（Ashforth，1985；Reichers，1987）。如企业通过与其他企业进行互补性技术合作，在共同推出新产品和服务的互动过程中进行自我定位。

2.1.3 知识基础观

知识基础观认为，知识是企业最具战略意义的资源之一（Conner and Prahalad，1996；Grant，1996；Kogut and Zander，1996；Felin and Hesterly，2007；Volberda，Foss and Lyles，2010）。异质性的知识基础和管理能力是企业

竞争优势以及高绩效的主要决定因素（Decarolis and Deeds, 1999; Eisenhardt and Santos, 2002）。企业是一个包含显性和隐性知识活动的动态系统，通过个体和组织层面的交互作用产生知识成果（Spender, 1996）。同时，企业可以被概念化为整合知识的机构，具有整合专业化知识并将其应用于产品和服务的功能（Grant, 1996），承担建立知识整合协调机制的主要任务（Kogut and Zander, 1992）。

知识基础观兴起于20世纪90年代，是资源基础观、组织学习理论、社会建构理论等多个经典理论相融合的产物（Grant and BadenFuller, 1995）。其中大多数学者认为，知识基础观是资源基础观的分支（Grant, 1996），能够反映资源基础观的本质（Conner and Prahalad, 1996）。资源基础观强调资源是有价值的、稀缺的、难以替代的以及不可模仿的，异质性资源是可持续竞争优势的来源之一（Barney, 1991）。企业是异质性资源和能力的独特集合（bundle）（Wernerfelt, 1984），目标是实现资源和能力的最优配置，以创造最大价值，这可以解释和预测企业构建竞争优势并且获得高额回报的原因（Penrose, 1959; Barney, 1986; Wernerfelt, 1984）。Grant和Baden-Fuller（1995）在资源基础观的基础上提出知识基础观的基本假设。①知识是在企业价值创造和战略重要性方面最具成效的资源；②知识由信息、技术、诀窍（know-how）和技能等构成；③知识由个体获得，隐性知识储存于个体中；④个体受认知和时间的局限，必须在知识获取方面体现专业化，知识深度的增加通常以知识广度的缩小为代价；⑤生产率（production），即通过输入到输出的转化所进行的价值创造，通常需要多种专业知识的共同转化。为进一步完善知识基础观，Grant（1996）提出知识是与企业相关的许多种类的"已知"（that which is known），其认为企业的竞争优势取决于企业对知识的创造、储存和应用（Grant and BadenFuller, 1995; Conner and Prahalad, 1996; Grant, 1996）。同时，知识基础观能够运用知识的不对称以及相关能力的差异解决企业间绩效差异的问题（Decarolis and Deeds, 1999）。此外，有学者指出，知识基础观是组织学习理论应用于战略和组织理论中的扩展，其能够为相关研究提供新思路并为组织功能提供新见解（Kogut and Zander，1992）。但也有学者将知识视为一种持续的社会建构过程，认为知识并不属于资源（Spender，1996）。

知识基础观视知识为最具竞争力的关键资源之一，同时强调企业整合知识能力的重要性（Grant and Baden Fuller，1995；Conner and Prahalad，1996；Mowery，Oxley and Silverman，1996）。一方面，知识基础观强调知识的内涵及特性。传统的战略管理学者探讨知识源于西方的认识论，是一种"正当的真实信念"，强调知识的显性属性（Nonaka and Takeuchi，1995），即知识显现出一种明确的、简单的和易于转移的结构，与信息处理有关（Eisenhardt and Santos，2002）。新兴的知识管理研究中，知识分为显性知识和隐性知识两种类型（Polanyi，1966；Grant，1996），显性知识是指了解事实和理论的信息，包括事实、公理命题（axiomatic propositions）和符号（symbols）。隐性知识是指"诀窍"（know-how），包括积累的实践经验和专业知识，可以促进任务更顺利有效地完成，其通常通过学习获得（Kogut and Zander，1992；Grant，1996）。隐性知识由于其具有难以模仿和相对稳定的特性，更倾向于成为企业可持续的竞争优势（Grant，1996；Decarolis and Deeds，1999；Eisenhardt and Santos，2002）。另一方面，一些学者从能力的视角挖掘和探讨知识基础观的理论内涵。Cohen和Levinthal（1989，1990）将企业识别外部知识的价值、同化并应用于商业活动的能力界定为吸收能力，认为吸收能力是企业研发投入的产物，企业可以通过加大研发投入力度提高对外部可获得知识的吸收能力，从而提高企业创新绩效。Kogut和Zander（1992）提出，企业从现有知识中产生新应用的组合能力（combinative capabilities）是创新的驱动力之一，企业应在利用知识的同时不断挖掘技术的内在潜力。Garud和Nayyar（1994）指出，转化能力（transformative capacity）是吸收能力的互补能力，是企业基于内部技术知识不断对产品组合进行再定义的能力，由选择、维持以及多重激活和合成知识库构成。Grant（1996）提出，知识整合形成的组织能力具有层级结构（hierarchy）。第一层级是由个体掌握的专业化知识生成的任务处理能力；向上形成包括市场、制造、研发和财务等多方面功能的能力；更高级别的能力则由更广泛的跨职能能力组成，如新产品研发能力、客户支持能力以及质量管理能力等。

2.2 创业生态系统研究综述

创业生态系统能够为新企业提供良性的发展环境，帮助新企业克服创业难题，实现生存和成长。近年来，创业生态系统成为创业管理领域的研究热点。创业生态系统既是本书的研究情境又属于核心内容的范畴。因此，本部分主要从创业生态系统的内涵、构成及特征和创业生态系统网络的研究现状等方面对创业生态系统进行系统回顾。

2.2.1 创业生态系统的相关研究

1. 创业生态系统的内涵及构成

创业生态系统的研究立足于Marshall（1920）提出的"组织之外的一个区域内存在着有助于企业构建竞争优势的力量"的核心思想（Spigel and Harrison，2018）。Spilling（1996）提出创业系统（entrepreneurial system）的概念，界定其为地区内部创业绩效的主体、功能和环境间的交互作用。Neck、Cohen和Corbett（2004）认同Spilling（1996）对创业系统的界定，提出创业系统是规模更大、开放性更强的经济交换系统的一部分，由正式和非正式网络、政府、大学、专业服务机构、投资机构、人才库、基础设施以及文化要素等构成。Cohen（2006）在前人研究的基础上将可持续创业生态系统界定为，一个地理区域内多种相互依赖的行动者致力于通过支持和促进可持续新企业的创建，推动社会和经济价值创造，具体包括政府、研究型大学、大型企业、正式和非正式网络、资金提供方、自然环境和文化环境等。创业实践家Isenberg（2010，2011）从政策的视角将创业生态系统视为一种促进经济发展的可行策略，包括政策、财务、市场、文化、人力资本、创业服务支持6大要素，但并未将创业企业纳入创业生态系统。近年来，一些学者主张将创业主体纳入创业生态系统的内涵。Mason和Brown（2014）提出，创业生态系统不仅由创业企业的外部创业环境因素组成，创业企业也应包含其中，即涵盖创业企业（潜在的和现有的）、创业组织（企业、风险投资机构、天使投资机构和银行等）、机构（大学和公共机构等）以及创业过程（企业创建率、高成长企业数量、连续创业者数量等）等。Stam（2015）认为，创业生态系统通过一系列相互依赖的主体和要素协同促进生产性创业（productive entrepreneurship）。蔡莉等（2016）综合前人研究的观点，将创业生态系统界定为由创业企业、政府、大型企业、投资机构、高校和科研机构、中介机构及多种创业环境要素组成，通过参与主体间复杂的交互作用提高创业活动水平的有机整体。Spigel（2017）强调，创业生态系统是在多种属性之间的相互作用下创造的一种支持性区域环境，有助于提高新企业的竞争力，具体包括文化要素（文化态度和创业历史）、社会要素（社会网络、投资资本、导师和交易促成者及人才）和材料要素（大学、支持服务和设施、政策和治理以及开放性市场）。综上所述，国内外学者对创业生态系统的界定基本达成一致，即创业生态系统是由多种主体和环境要素构成，致力于提升区域创业活动水平的有机整体。

2. 创业生态系统的特征

创业生态系统具有多样性、网络性、共生性、竞争性、自我维持性和区域性等特性（蔡莉等，2016；Eckhardt et al.，2018；Spigel，2017；Nambisan and Baron，2013）。多样性是指创业生态系统包含不同类型的主体（Eckhardt et al.，2018），不同主体在生态系统中各司其职，相同类型的主体也因所处行业、组织规模等的不同发挥不同的作用（Zahra and Nambisan，2011）。网络性是指多个主体通过交互作用共同形成相互依赖的社会网络（Isenberg，2010；Feld，2012；Spigel，2017），网络成为各主体的知识和信息获取渠道，帮助创业者收集市场信息和技术知识，获取财务资本并联络客户和供应商（Owen-Smith and Powell，2004；Greve and Salaff，2003；Hoang and Antonic，2003），减少主体之间信息的不对称性（Shane and Cable，2002）。创业生态系统主体间的共生性体现在创业生态系统中不同主体间的相互依赖性上（Meyskens，Carsrud and Cardozo，2010；Clarysse et al.，2014），主体间不断进行资源交换，共同承担整个生态系统的良性运行（Li，2009；Thomas and Autio，2014）。同时，多主体间存在竞争和合作的关系（Nambisan and Baron，2013），主体间在争夺异质性资源的同时整合互补性资源以实现协同发展（Kapoor and Furr，2015）。创业生态系统的主体间通过自发地进行认知和资源互动（Acs，Autio and Szerb，2014），共同推动生态系统的维持发展（Leong et al.，2016）。创业生态系统的区域性，主要表现在其构建通常依赖当地的资源条件（Isenberg，2011）。

3. 创业生态系统的研究现状

创业生态系统的早期研究主要聚焦在概念体系的构建方面，包括创业生态系统的概念、内涵、构成、特性、分类以及测量等（Cohen，2006；Bernardez and Mead，2009；Nambisan and Sawhney，2009；Isenberg，2010；Mason and Brown，2014；Stam，2015）。近年来，创业生态系统的研究由静态的理论分析向动态的过程研究转化，学者主要探讨创业生态系统内部主体间的互动如何推动创业生态系统的形成和发展以及创业生态系统如何促进创业水平的提升等问题（Spigel and Harrison，2018）。具体而言，大多数相关研究聚焦于单一主体（如社会创业企业、加速器等）或多主体间的互动对创业生态系统的创建及演化的影响。McMullen（2018）探讨社会创业企业如何与其他主体进行互动，从而重新塑造创业生态系统。Goswami、Mitchell和Bhagavatula（2018）分析了加速器如何影响系统内部知识的培养、传播和吸收，进而促进创业生态系统的发展。Spigel（2017）将创业生态系统的参与主体及环境要素划分为文化、社会和材料属性，基于加拿大卡尔加里市和滑铁卢市的创业生态系统，剖析不同要素属性之间如何通过互动作用协同促进创业生态系统的发展。Mack和Mayer（2016）以位于美国亚利桑那州凤凰城的创业生态系统为案例,从动态演化视角探究创业生态系统内历史、文化和制度等要素如何影响创业生态系统,系统内部各主体间的互动如何维持并推动创业生态系统的发展。Thompson、Purdy和Ventresca(2018)分析西雅图创业生态系统的形成和重塑过程,其研究聚焦社会创业,认为创业生态系统是一场小规模的社会活动,旨在促进社会企业合法性的形成,通过采用一系列独特元素,如合作空间、网络活动或非正式投资群体等重塑创业生态系统。此外,部分学者探讨创业生态系统对新企业的作用。例如,Spigel和Harrison(2018)从过程视角分析创业生态系统如何通过资源创建、流动和转换支撑并推动创业企业的发展。由此可见,已有研究对于创业生态系统对新企业的影响研究还存在一定的不完善,未能深入挖掘创业生态系统中新企业的绩效提升机制。

2.2.2 创业生态系统网络的相关研究

1. 创业生态系统网络的概念、内涵

创业生态系统中的主体通过交互作用形成复杂的网络关系(Spigel,2017),关系成员相互联系、相互依赖,共同解决最终客户的需求(Clarysse et al.,2014),生态系统的网络结构通过不同规模的经济活动变得越发紧密(Alvedalen and Boschma,2017)。一些学者对创业生态系统网络的内涵进行了概括,创业生态系统是由正式和非正式网络组成的网络集合(Neck et al.,2004;Cohen,2006)。Curley和Formica(2013)提出,生态系统是由特定环境中相互依赖的组织或个体组成的网络,旨在共享资源、愿景和发展方向。Stam(2015)认为,创业生态系统是由创业者、投资者、导师和支持者组成的深入且连接良好的网络社群。Elia、Margherita和Petti(2016)指出,创业生态系统是指由互补的主体、资源和关系组成的网络,旨在促进创业成功。

同时,学者强调主体间的网络关系在创业生态系统的形成和发展过程中发挥的重要作用。嵌入多主体网络关系中的企业能够更有效地交换信息和知识,整合资源形成一个连贯的面向客户的解决方案(Thomas and Autio,

2014）。同时，创业生态系统中的正式和非正式网络能够帮助新企业降低资源依赖、促进隐性知识共享（Ferrary and Granovetter，2009；Sullivan and Ford，2014；Brown and Mason，2017）。因此，生态系统中的网络被视为一种价值网络（Normann and Ramirez，1993），通过整合资源和能力共同创造价值（Eisenhardt and Galunic，2000；Clarysse et al.，2014）。创业生态系统成功的关键在于创业者与其他主体之间形成的紧密联系的网络关系（Isenberg，2010；Feld，2012）。Spigel和Harrison（2018）认为，运行良好的生态系统是指基于长期信任和鼓励建立联系的当地文化所形成的创业者、投资者、顾问和其他关键角色之间的密集网络。创业生态系统中的网络关系有助于企业建立与天使投资机构和风险投资机构间的关系以整合财务资源并提升关键商业技能，同时新企业借助网络关系获得前沿技术和高端人才，减少前期投入成本，进而提高未来收入分成（Spigel，2017）。此外，规模较大且多样化的网络能够加强主体间信息、资源和认知的互动，促进新企业快速捕捉外部环境变化所产生的信息，进而识别创业机会（Anderson and Miller，2003；Wood and McKinley，2010）。

2. 创业生态系统网络的研究现状

本书从网络主体（点）、网络关系（线）、网络结构（面）和网络环境（体）4个视角系统梳理创业生态系统网络的研究文献，总结和提炼创业生态系统网络的特征，为后文创业生态系统的网络特性的提出奠定理论基础。

（1）网络主体（点）。首先，创业生态系统网络主体具有异质性。生态系统中包含不同种类的网络参与主体，如创业者、投资者、导师和其他资源提供者等，其属性（如机会识别能力和资源禀赋）与外部环境的相互作用（如与生态系统外的资源提供者的联系等）均是异质性的（Roundy，Bradshaw and Brockman，2018）。其次，创业生态系统网络主体具有多样性。不同类型的主体角色不同，甚至同一个主体可能同时扮演多种角色。如对刚进入生态系统的新企业而言，由于其不熟悉生态系统中的利益相关者，风险投资公司在提供资金支持的同时，会以导师的身份来增加初创企业间的互动并提高网络关系的质量，有效地促进新企业的创业成功（Widyasthana et al., 2017）。最后，创业生态系统网络主体具有多层次性。创业生态系统中的创业活动是由多层次的创业主体驱动的，包括创业者、企业、加速器和商会等，他（它）们与复杂的生态系统保持一致性（Lichtenstein，2011）。

（2）网络关系（线）。首先，创业生态系统的网络关系具有异质性。不同主体在创业生态系统内形成的社交网络存在差异。与关注特定行业的集群不同，创业生态系统的优势来自多样化的行业、市场或供应链（Spigel and Harrison, 2018），来自不同行业、市场和供应链背景的成员与创业活动产生的联系是不同的。Schaeffer和Matt（2016）通过对大学创业生态系统进行研究后发现，在学术创业的过程中，大学基于政策、业务、财务和创新活动等方面的需求，与中介机构等其他主体形成多样化的网络关系。其次，创业生态系统的网络关系是变化的。在创业初期，家人和朋友为创业者提供建议和支持，随着创业活动不断拓展，家人和朋友会进一步发展成创业者的合作伙伴，合作开展项目，这些网络关系成为创业者获取新资源和构建新关系的桥梁（Kerrick et al., 2014）。

（3）网络结构（面）。首先，创业生态系统网络结构包括不同层面的参与主体。在高校构建的生态系统中，加速器提供包括连接、开发、协调和选择4种专业知识和技能，加速器通过帮助创始人、导师和企业等微观层面的参与者，与区域生态系统等宏观层面的参与者建立联系，促进不同层面的主体进行价值实现等活动（Theodoraki et al., 2018）。在美国圣路易斯地区的创业生态系统中，彼此没有联系的个体创业者通过支持组织（support group）建立联系，且这种联系在创业者之间、创业者与支持组织之间以及各种支持组织之间同时存在（Motoyama and Knowlton, 2017）。其次，创业生态系统的网络结构是不断变化的，循环利用是生态系统内资源流动的关键过程之一。如成功的创业者，在成功之后很少会离开之前的创业生态系统，而是会以天使投资人、连续创业者或顾问等身份留在该系统中（Spigel and Harrison, 2018; Roundy, Bradshaw and Brockman, 2018），进而影响创业生态系统内的网络结构。

（4）网络环境（体）。创业生态系统的网络环境主要包括网络的治理逻辑、网络与制度环境以及网络与文化环境3个方面。创业生态系统的网络成员间存在相互认同的治理逻辑。创业生态系统中的参与主体在语言、空间、国家法规和规范等方面存在差异（Fraiberg，2017），生态系统通过共享愿景和指导规则的逻辑（Roundy，2017），对参与主体意图和行为的一致性产生影响（Lissack and Letiche，2002），进而促进主体间形成规范认同，逐渐实现生态系统的可持续发展。创业生态系统的网络环境与制度环境密不可分。政府能够规范新企业与其他主体之间的关系（Jung，Eun and Lee，2017）。此外，创业生态系统中有机体间的共同演化受社会文化的影响（Hayter，2016）。如初期的创业生态系统由于缺少鼓励互动的文化，内部网络分散、各参与者之间的关系疏远（Schaeffer and Matt，2016）。随着创业企业的成功，不同主体间的联系有助于企业营造和巩固鼓励互动的文化氛围，不断强化生态系统中的网络联系（Spigel and Harrison，2018）。

3. 创业生态系统的网络特性

本书结合已有研究对创业生态系统网络的理论描述以及创业生态系统的多样性、网络性、共生性、竞争性、自我维持性等进行提炼，并推导出创业生态系统的网络特性，其主要包括关系异质性、关系多重性和关系变化性。

（1）关系异质性。基于创业生态系统的多样性、网络性和共生性，创业生态系统的关系异质性得以形成。从多样性来看，创业生态系统包含多种不同类型的主体（蔡莉等，2016；Mason and Brown，2014；Spigel，2015；Acs，Autio and Szerb，2014），基于资源和能力互补性，新企业与不同企业或非企业性质机构间进行认知、信息和资源等互动活动，建立网络关系的有效途径，从而促进新企业同其他企业或非企业性质机构间异质性关系的搭建。从网络性来看，新企业同其他企业或非企业性质机构共同嵌入创业生态系统的网络结构（Cohen，2006；Adner and Kapoor，2010；Spigel，2017），新企业与其他主体相互联系且彼此依存，通过交互和整合共同创造价值（Isenberg，2010；Feld，2012；Thomas and Autio，2014），推动异质性关系的形成和发展。从共生性来看，创业生态系统中的多个主体基于共同愿景形成共生关系（Thomas and Autio，2014；Nambisan and Baron，2013），促进新企业同其他主体间形成无形的纽带。随着多主体的交互作用持续进行，企业与其他主体的相互认同逐渐加强，其行为规范、共同目标以及价值逻辑等不同类型的认同趋向丰富化，有助于新企业异质性关系的建立和完善。

就关系广度而言，创业生态系统的网络关系具有异质性（heterogeneity）是指，主体与不同背景的其他主体建立联系的程度（Gulati et al.，2010；Beckman et al.，2014），是对主体合作伙伴特征之间差异程度的描述（Gulati，Lavie and Madhavan，2011；Cobena，Gallego and Casanueva，2017），而网络中交互的个体身份及所属组织的相似程度称为同质性（Ibarra，1995；Marsden，1988；Rogers and Kincaid，1981）。Beckman等（2014）从董事会的视角阐述关系异质性与新企业多样化联盟组合间的关系，并认为董事会成员的异质性能够帮助企业创造联盟机会，增加联盟组合的范围和多样性，而创业情境下的董事会建议能够帮助核心企业形成不同种类的联盟；他们将董事会异质性（board heterogeneity）划分为3个维度。①行业异质性。外部董事来自不同的行业，每个行业的董事能够促进多样化联盟类型和策略的产生。例如，生物行业的董事可能拥有研发联盟的经验，软件行业的董事可能掌握市场联盟的专业知识和信息。②组织类型异质性。董事属于不同类型的组织（政府机构、投资机构和非营利性组织等），他们能够提供不同的建议和意见（Hillman and Dalziel，2003），从而帮助企业整合不同类型的联盟信息。例如，大学是特许权协议（licensing agreement）的来源，大型企业是商业化联盟（commercialization alliances）的来源（Stuart，Ozdemir and Ding，2007）。③地理区域异质性。来自不同地理区域的董事了解有关企业间关系的不同的规章条例（Marquis，2003）。因此，来自不同的行业、组织或地区的企业外部董事，可以帮助企业开阔视野并获取更丰富的信息以促进更广范围的联盟的建立。创业生态系统中，主体之间存在多方面的背景差异，如所处行业、所有制、规模和年限等。因此，新企业的关系具有行业、组织所有制、规模和年限等方面的显性异质性。此外，主体间的存在基于认同差异的隐性异质性，新企业与其他主体之间基于相互认同建立合作，认同侧重于资源、能力、行为规范、共同目标和价值逻辑等多个方面。因此，新企业与不同类型主体建立联系的背后隐含着不同主体间认同的异质性。中国创业生态系统网络关系的隐性异质性更为明显。在中国集体主义文化氛围的驱动下（Li and Zhang, 2007），多主体间容易形成相互认同，驱动基于主体间行为规范、共同目标以及价值逻辑等认同的隐性异质性的产生，关系异质性的隐性特征更加显著。

（2）关系多重性。创业生态系统的多样性、网络性、共生性和竞争性共同驱动创业生态系统中关系多重性的产生。在创业生态系统中，主体与其他主体的交互作用产生不同的影响，多主体基于各自的多功能特性共同驱动主体间多种类型的网络关系的形成（Isenberg, 2011；Thomas and Autio, 2014），二元主体基于扮演不同的角色形成多重关系，如竞合关系、采购和供应关系、引导和咨询关系等。同时，多主体在创业生态系统的网络中互联互通，通过网络渠道交换和整合多种信息、技术等互补性资源（Spigel, 2017）。网络关系存在多种交换内容，如技术、市场和人力等，主体之间的关系呈现多重性。主体间的共生关系包含的共享逻辑能够界定主体身份并稳固主体间的交互作用。随着交互作用的进行，主体间的信任和依赖程度逐渐加强，进而推动企业在原有关系的基础上不断搭建新的关系，促进主体间形成多重网络关系渠道。此外，创业生态系统的主体为争夺异质性资源相互竞争（Kapoor and Furr, 2015），为达成共同目标相互合作（Thomas and Autio, 2014），从而主体间形成既竞争又合作的多重关系（Spigel, 2017）。良性竞争有利于网络内部有效治理机制的形成，加强主体间的互动，从而促进多重网络关系的搭建。

从关系深度来看，创业生态系统中的网络关系具有多重性。关系多重性的概念来自Harary（1956）提出的个体混合关系（mixture of relations），他认为同一组行动者之间同时存在多种类型的关系。早期的关系多重性聚焦个体层面的人际关系，被界定为两个个体间交换内容的程度差异（Kapferer, 1969；Verbrugge, 1979）。Granovetter（1973）对强关系的界定包含多重性的解释，提出若二者之间存在多种不同类型的关系，则判定为强关系。近些年来，多重性研究逐渐转向组织间的关系（Rogan，2014），其主要是指两个相同主体之间通过多种关系相连接（Wasserman and Faust，1994；Beckman，Haunschild and Phillips，2004；Dhanarajh and Parkhe，2006；Kenis and Knoke，2002）。关系多重性具备3个特征，即组织嵌入多个不同的关系，这些关系是相互依赖和彼此支撑的，关系之间的交互作用共同影响企业（Shipilov，2012）。中国的创业生态系统大多由政府构建（聂鲲，2017），在政府关系的强作用下，一方面，在多重关系中，各子关系对政府关系的依赖性更强；另一方面，政治关系促进商业关系的形成，进而促进关系多重性的加强。

多重关系发生在经济相互依赖的交换关系中（Rogan，2014），每个关系具备多种支持功能（Cotton，Shen and Livne-Tarandach，2011；Shipilov et al.，2014）。例如，企业的投资人或客户可以是董事会成员，与企业形成多重关系，可以通过多个渠道给企业提供额外的信息（Beckman et al.，2014）。同时，多重性指网络关系多维度的程度，体现整体水平上不同目标的网络子集的重叠程度，或角色、交换内容以及所属机构的重合（Ibarra，1995；Verbrugge，1979；Hoang and Antoncic，2003）。多重关系的双方能够在多个情境下结识并了解对方，因此主体之间的信任度和依赖性较高（Ibarra，1995）。如一家公司与其供应商建立纵向的买方—供应商关系（buyer-supplier relationship）的同时，也存在横向的研发合作关系（Gulati，1995；Shipilov et al.，2014）。

此外，关系多重性体现在关系类型和主体角色两个方面。从关系类型来看，社会网络理论强调网络关系的性质，提出经济主体所嵌入网络关系类型的多重性是关系多重性概念的核心（Cotton et al.，2011；Shipilov et al.，2014）。创业生态系统中的关系多重性具有关系类型多重性，如竞合关系多重性，主体间在竞争的同时也存在战略合作；就主体角色而言，社会认同理论认为，个体在网络中具有多个自我（selfs）（Ibarra，Kilduff and Tsai，2005；Kilduff and Brass，2010；Shipilov，2009）。创业生态系统中新企业的身份具有多重性，一个主体同时嵌入不同种类的网络关系、扮演不同的角色，如领导者和被领导者、跟随者和被跟随者、竞争者和合作者等。新企业应在合适的情境下进行角色切换，从而匹配新企业与相关主体间机会开发的需求（Shipilov et al.，2014）。回顾已有研究可以发现，这些研究主要是围绕董事会或高管团队关系多重性的作用效果或结果变量展开的，探究关系多重性对多样化联盟组合、组织学习、关系留存率以及职业成就的影响。董事会成员的关系多重性（board multiplexity）能够加快新企业建立多样化联盟组合的速度（Beckman et al.，2014），特别是在市场不确定性较高时，企业更可能提升现有网络的多重性，从而与现有联盟合作伙伴建立更强的多重关系（Beckman，Haunschild and Phillips，2004）。Beckman和Haunschild（2002）发现，由连锁董事和联盟产生的组织间多重关系通过吸取合作伙伴的经验促进相互学习。Rogan（2014）认为，关系多重性能够提高关系留存率（retention）、减少关系破裂（dissolution）。然而，研究发现只有跨组织内部单元的多重企业—客户关系才能降低广告公司高管离职对客户关系损失的影响。Cotton，Shen和Livne-Tarandach（2011）通过研究62个国家棒球名人堂的就职演说，挖掘多重性关系对新人的职业成就的影响。其根据开发商提供的职业和心理社会支持种类将多重性分为3种类型，由一个开发商提供的两个及两个以上职业支持的多重性、由一个开发商提供的两个及两个以上心理社会支持的多重性，以及由一个开发商提供的包含至少一种职业支持和一种心理社会支持的混合多重性。研究发现，首轮入围者较次轮入围者拥有规模更大、更多样化且具备多重功能的关系，能够从核心和边缘社区获得更多社会心理和职业支持。

（3）关系变化性。由创业生态系统的自我维持性和共生性可知，创业生态系统的网络具有变化性。一个良好的创业生态系统具有自我调节和自我维持的功能（Isenberg，2011；Acs，Autio and Szerb，2014）。生态系统内多个主体通过互动能够促进新机会的不断产生和利用（Wood and McKinley，2010；McKelvey et al.，2015），新机会的开发过程中需要不断地重新整合资源（Ardichvili，Cardozo and Ray，2003），即具有不同资源的互补主体之间会不断建立新的网络，新企业在网络中的位置发生变化，网络关系的范围不断扩大，新的网络关系带来新的交换内容，从而改变原有的网络性质。此外，多主体基于彼此的认同形成相互依赖的共生关系（Nambisan and Baron，2013），促进主体间共同开发创业机会。随着创业生态系统中多主体共同开发不同的创业机会、产生不同的资源需求，网络成员基于初始资源禀赋和能力的专业性和互补性（Thomas and Autio，2014），扮演的角色会发生变化，在多主体形成的相互联系的网络关系中，新企业的网络位置发生变化，相应的网络交换内容和网络结构也会发生变化。

由此可见，创业生态系统的网络关系具有变化性。Pfeffer和Salancik（2003）较早强调了网络的变化问题，他们认为，企业通过与新的合作伙伴搭建关系可以降低不确定性，缓解对其他企业的强依赖（Burt，1983；Gargiulo，1993）。研究发现，新技术实施、技术共享能够推动企业内部员工间非正式咨询网络（informal advice network）的变化（Barley，1990；Schultze and Orlikowski，2004；Leonardi，2007；Leonardi，2013）。同时，企业采取行动改变原有网络时会遇到一定的阻碍。Kim、Oh和Swaminathan（2006）从网络惯性（network inertia）的视角探讨网络变化的多层面阻力因素，并认为组织内部特征（企业年限和企业规模）、网络特征（企业网络变化的次数、网络关系的持续时间、网络规模、网络关系多重性以及网络位置）以及情境因素（外部环境的竞争程度和制度环境施加的压力）交互形成企业网络变化的阻力。

在创业生态系统中，新企业的关系变化性主要体现在关系范围变化和关系性质变化两个方面。一方面是新企业可以通过建立新的关系扩大关系范围（Kerrick et al.，2014），当新企业与其他主体开发新产品或服务时，产生的新资源需求驱动新企业不断与新的主体搭建网络关系，整合互补性资源以达成共同开发机会的目标，新企业的网络关系由于新主体的加入扩大了网络范围。另一方面是关系性质的变化，新企业与其他主体间的关系性质发生变化（Roundy，Bradshaw and Brockman，2018），如竞争关系转变为竞合关系。一些学者强调在原有网络成员关系的基础上形成多重关系体现了网络的变化性（Beckman，Haunschild and Phillips，2004）。Podolny（1994）提出在高度不确定的市场中，投资银行家倾向于与他们交往过的人进行交易。Gulati（1995）

研究发现，企业倾向于同原有的联盟合作伙伴开展新的联盟合作。由此可见，新企业与原有网络成员的关系随着机会的共同开发而发生变化，在原有网络关系的基础上，新企业与网络成员产生新关系，有助于增加关系的稳定性。同时，新企业在同新主体互动的过程中，促进了交换网络内容的更新，原有的网络关系的性质发生变化。

中国创业生态系统的网络关系因政府角色的转变不断变化。中国市场环境存在不稳定因素（陈晓红和王慧民，2009），主体间的关系不断发生变化，特别是由于政府角色的变化引发的关系变化。政府的功能由主导作用向引导作用转变，政府在创业生态系统网络中的角色由制定者逐渐向协调者转变，企业与政府的关系也相应发生变化。

2.2.3 创业生态系统的研究述评

总结现有研究可以发现，学者分别从静态理论视角和动态过程视角对创业生态系统的内涵、构成、特性以及创业生态系统的形成和演化机制等进行一系列探讨，部分学者对创业生态系统的网络特点进行理论描述。然而，已有研究尚未对创业生态系统的网络特性进行深入分析，特别是网络特性对新企业绩效影响机制的研究较为罕见。基于上述研究基础和理论缺口，本书基于创业生态系统的网络特性总结提炼并推导出关系异质性、关系多重性和关系变化性三个方面，为后文的案例分析和实证检验提供理论指引。

2.3 资源拼凑研究综述

资源拼凑作为新企业应对资源约束的一种重要手段，近年来引起学术界的关注。本部分基于相关文献的系统梳理对资源拼凑的内涵、核心要素、类型、相关实证研究以及创业生态系统中资源拼凑方式以及网络拼凑的内涵及研究现状进行介绍，回顾资源拼凑和网络拼凑的研究现状和不足，为探讨变量间的关系奠定理论基础。

2.3.1 资源拼凑的内涵及核心要素

资源拼凑（bricolage）最早由法国著名哲学家和人类学家列维—斯特劳斯（Levi-Strauss）于1976年提出，他将拼凑的过程形容为凑合使用手头一些可利用的事物（whatever is at hand），认为拼凑者将拥有的一些零碎的物品（odds and ends），如材料、技术、想法，甚至是神话片段积累起来以备不时之需。Baker和Aldrich（2000）通过分析创业者对资源依赖的两种即兴反应，首次将拼凑引入管理学，提出资源拼凑和资源搜寻两种整合方式，认为资源拼凑通过凑合使用手头资源降低对企业外部资源的依赖性；资源搜寻指的是寻找其他可替代的资源供应商，从而避免对单一组织的依赖（Pfeffer and Salancik，2003）。随后，以Baker为代表的学者对资源拼凑与即兴的关系（Baker, Miner and Eesley，2003）、资源高度约束下不同资源拼凑方式的选择（Baker and Nelson，2003）以及对比研究拼凑和突破（breakthrough）两种技术路径的形成方式进行一系列研究（Garud and Karnøe，2003）；直至Baker和Nelson（2005）整合拼凑相关的多学科文献对资源拼凑进行界定，即立即行动，重组手头资源以应对新的挑战和机会，该界定得到学术界的广泛认可并被多次引用。本书赞同Baker和Nelson对资源拼凑的界定，认为资源拼凑是一种基于现有资源产生不同资源组合以帮助新企业克服资源劣势的独特资源整合活动。

Baker和Nelson（2005）结合多领域的拼凑文献，总结资源拼凑的3个特征要素，即即刻行动、凑合使用（making do）、重组手头资源以实现新的目标和手头资源（resources at hand）。凑合使用具有行动倾向（bias towards action），能够活跃地参与问题的解决或机会开发中，不会由于考虑拼凑方案是否可以达到预期结果而犹豫不决。资源拼凑的另一个特征要素是重组资源以实现新的目标，通过反复使用现有资源开发资源的新用途，而不仅仅是以原始目的利用资源。资源拼凑是驱动创新的一种内部机制，能够以现有资源开发新产品和服务，从而促进企业创新成果的产出（Baker and Nelson，2005）。手头资源既包括企业的现有资源，也涉及能够廉价甚至免费获得的资源。

Di Domenico等（2010）将资源拼凑应用于社会创业，在Baker和Nelson（2005）的基础上提出资源拼凑的3个特征，即凑合使用、拒绝限制和即兴创作（improvisation）。他们认为，拒绝环境限制是资源拼凑即刻行动特征的拓展，指的是行动者有意识地并持续地克服资源约束，抵制环境的限制。此外，拼凑与即兴的关系密不可分，即兴是指从事创新性活动的设计和开发时所产生的行为（Miner，Bassoff and Moorman，2001），拼凑通常被视作由即兴引发的资源集合（Baker，Miner and Eesley，2003）。也有学者（Garud and Karnoe，2003）认为，即兴的发生通常伴随着拼凑，拼凑是即兴的驱动因素（Baker and Nelson，2005；Baker，Miner and Eesley，2003）。因此，拼凑与即兴的关系是复杂多变的（Di Domenico et al.，2010）。

资源拼凑的思想对战略管理和创业领域的经典理论具有重要贡献，其在一定程度上丰富了企业成长理论的内在逻辑，拓展了资源基础观的理论边界。一方面，企业成长理论认为，使用相同材料和人力等资源的企业可能提供不同种类的市场服务，因为其使用和整合资源的能力不同（Penrose，1959），但是企业成长理论尚未打开企业成长过程的"黑箱"，资源拼凑通过创造性地利用手头资源提供独特的产品和服务以促进新企业的生存和成长（Baker and Nelson，2005），从而丰富企业成长理论的内在逻辑。另一方面，资源拼凑能够填补资源基础观对于新企业如何利用资源实现生存和成长的理论空缺。资源基础观强调具有价值性、稀缺性、难以模仿性以及不可替代性的异质性资源的重要性，并将其视为企业可持续竞争优势的来源（Wernerfelt，1984；Barney，1991）。这里所说的企业大多为成熟企业，因此没有聚焦新企业面临的新生劣势问题。资源基础观中关于资源本质及资源环境的理论假设尚未涵盖新企业以及资源约束的研究情境（Steffens，Senyard and Baker，2009），资源拼凑为新企业竞争优势提出新的构建途径，受资源约束的新企业能够利用闲置或价值被低估的资源即刻行动、重组手头资源以创造价值，进而构筑竞争优势（Baker and Nelson，2005），有助于拓展资源基础观的理论边界。

2.3.2　资源拼凑的类型

现有研究主要从拼凑顺序、拼凑对象、拼凑渠道、拼凑基础和拼凑特征等方面对资源拼凑进行分类。资源拼凑依据项目的拼凑顺序分为并行拼凑、连续拼凑和选择拼凑（Baker and Nelson，2003，2005）。其中，并行拼凑是指创业者在给定时间内拥有多个项目，他们将时间分配在不同的项目上，其中一些项目会被搁置，大多数从事并行拼凑的企业因资源的持续堆积很难获得成长（Baker and Nelson，2003）。连续拼凑是指企业在给定时间内专注于一个项目，项目输出后与其他资源结合投入到后续项目中。实施连续拼凑的创业者通常推进较少的项目，聚焦于相对规模较小的创意，能够更细致地思考创意转化的条件和时间，从而避免资源的堆积以及冗余资源的产生，因此，选择拼凑能够在一定程度上促进企业成长（Baker and Nelson，2003）。Baker和Nelson（2005）在前人研究的基础上，提出选择拼凑，即有选择性地对项目进行拼凑。从事选择拼凑的企业能够在有限的领域内实现从无到有，逃脱自我局限的恶性循环，创造独特的产品或服务进而推动企业成长。从拼凑对象来看，Baker和Nelson（2005）将资源拼凑划分为物质拼凑、人力拼凑、技能拼凑、制度拼凑和客户拼凑。Desa（2012）认为，资源拼凑的3个基础方式是材料拼凑、劳动力拼凑和技能拼凑。Molecke和Pinkse（2017）提出，资源拼凑分为材料拼凑和观念拼凑。材料拼凑（material bricolage）是指人们使用并结合其手头各种资源的过程，即使这种方法并不完善，但也是一种解决问题和开发新机会的可行性方法；观念拼凑（ideational bricolage）指的是组织重新整合原有见解创造新观念的过程（Baker，2007）。赵兴庐、张建琦和刘衡（2016）将资源拼凑分为要素拼凑、顾客拼凑和制度拼凑。就拼凑渠道而言，Baker、Miner和Eesley（2003）提出，网络拼凑是指通过已有网络关系拼凑外部资源的活动，与之相对应的是利用企业内部已有资源的手段导向型拼凑（Garud and Karnøe，2003；梁强，罗应光和谢舜龙，2013；王玲等，2017），它指的是通过重新组合现有资源，迎接新的目标和挑战（Steffens，Senyard and Baker，2009），实现价值最大化（Baker and Nelson，2005）。此外，Vanevenhoven、Winkel 和Malewicki等（2011）基于拼凑的渠道提出内部拼凑和外部拼凑，内部拼凑涉及的资源属于创业者的内部资源，如经验、知识和认证（资质证书）等；外部拼凑指的是创业者拼凑企业外部资源以推动实际经营活动。在创业过程中，内外部拼凑对于创业者进行各类尝试是不可或缺的。苏芳、毛基业和谢卫红（2016）从企业应对环境剧变的动态视角发现了基于经验的资源拼凑和基于战略匹配的资源拼凑。朱秀梅、鲍明旭和方琦（2018）提出，资源拼凑兼具计划行为和即兴行为的特征，并基于此将资源拼凑分为计划拼凑和即兴拼凑。资源拼凑的分类依据及类型见表2.1。

表2.1 资源拼凑的分类依据及类型

分类依据	资源拼凑类型	文献来源
拼凑顺序	◆ 并行拼凑 ◆ 连续拼凑 ◆ 选择拼凑	Baker 和 Nelson，2003 Baker 和 Nelson，2005
拼凑对象	◆ 物质拼凑 ◆ 人力拼凑 ◆ 技能拼凑 ◆ 制度拼凑 ◆ 顾客拼凑	Baker 和 Nelson，2005 Desa，2012
	◆ 材料拼凑 ◆ 观念拼凑	Baker，2007 Molecke 和 Pinkse，2017
	◆ 要素拼凑 ◆ 顾客拼凑 ◆ 制度拼凑	赵兴庐、张建琦和刘衡，2016
拼凑渠道	◆ 手段导向型拼凑 ◆ 社会网络型拼凑	Baker、Miner 和 Eesley，2003 梁强、罗应光和谢舜龙，2013 王玲等，2017

续表

分类依据	资源拼凑类型	文献来源
拼凑渠道	◆ 内部拼凑 ◆ 外部拼凑	Vanevenhoven 等，2011
拼凑基础	◆ 基于经验的资源拼凑 ◆ 基于战略匹配的资源拼凑	苏芳、毛基业和谢卫红，2016
拼凑特征	◆ 计划拼凑 ◆ 即兴拼凑	朱秀梅、鲍明旭和方琦，2018

资料来源：笔者根据相关文献整理得到。

2.3.3 资源拼凑的相关实证研究

自Senyard、Baker和Davidsson（2009）开发资源拼凑的量表后，学者开展了资源拼凑的一系列实证研究。相关实证研究主要围绕资源拼凑的影响因素、资源拼凑与新企业绩效之间的关系以及资源拼凑与新企业绩效间的调节因素和中介因素展开。本部分选取资源拼凑具有代表性的实证研究进行回顾，具体内容见图2.1。

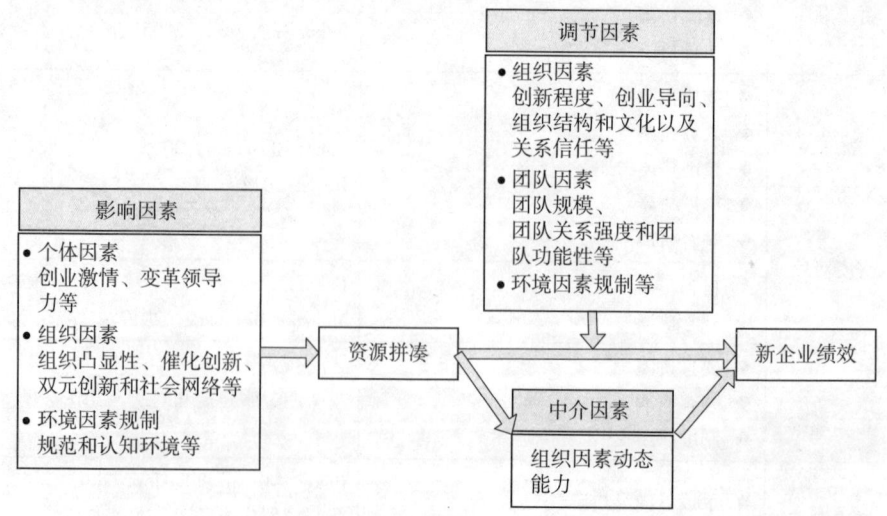

图 2.1　资源拼凑相关实证研究

资料来源：笔者根据资源拼凑的相关文献整理得到。

通过梳理资源拼凑现有文献可以发现，学者对资源拼凑的影响因素研究主要包括个体层面的创业激情、变革领导力；组织层面的环境因素包括组织凸显性、资源灵活性、催化创新、双元创新、社会网络以及规制、规范和认知等。就个体层面而言，Stenholm和Renko（2016）研究了创业激情、资源拼凑与企业生存之间的关系，朱秀梅、鲍明旭和方琦（2018）探讨变革领导力与计划拼凑和即兴拼凑之间的关系。大多数学者从组织层面探讨资源拼凑的影响因素。Gundry等（2011）认为，催化创新积极影响创业拼凑的发生，创业拼凑对催化创新与创新生态的关系起完全中介作用。Desa和Basu（2013）探讨组织凸显性（organizational prominence）对资源拼凑的影响，发现组织凸显性与资源拼凑呈现"U"形关系。同时，企业中创新者实施的创业拼凑受组织容忍度的影响（Halme，Lindeman and Linna，2012）。Hooi等（2016）指出，创业导向对新企业的创业拼凑具有积极影响。Guo、Su和Ahlstrom（2016）探讨探索导向与商业模式创新之间的关系以及创业拼凑和机会识别的中介作用。吴亮，赵兴庐和张建琦（2016）发现，双元创新对创业拼凑具有积极影响。孙锐和周飞（2017）认为，企业社会联系（商业联系、政治联系和研发联系）对资源拼凑具有积极影响。宋晶和陈劲（2019）分析了创业者的社会网络（网络规模和异质性）对资源拼凑的影响。此外，Desa（2012）分析国家层面的规制、规范以及认知环境对社会创业企业拼凑行为的影响，提出在面临较弱或新兴规制、制度以及缺乏认知合法性的情况下，社会创业企业倾向于采用拼凑行为来动员资源。

通过梳理资源拼凑与企业绩效间的文献可以发现，已有研究的结论较为一致，即资源拼凑对企业绩效具有积极影响（Senyard，Baker and Davidsson，2009；Senyard，Baker and Steffens，2010；Senyard，2014；Senyard，Davidsson and Steffens，2015）。国内学者祝振铎（2015），赵兴庐和张建琦（2016），李非（2017）、张秀娥和张坤（2018）等也证实了资源拼凑积极影响企业绩效的研究结论。

国内外研究中，资源拼凑与企业绩效间的调节变量主要包括组织层面的创新程度、创业导向、组织结构和文化、关系信任、创业氛围，团队层面的团队规模、团队关系强度和团队功能性以及环境要素规制。Senyard、Baker

和 Davidsson（2009）探讨企业创新在资源拼凑和企业绩效关系中的调节作用。祝振铎（2015）研究发现，创业导向在创业拼凑与财务绩效和成长绩效之间存在积极的调节作用。赵兴庐和张建琦（2016）分析组织结构和文化在资源拼凑与企业绩效间的正向调节作用。祝振铎和李非（2017）研究发现，关系信任在创业拼凑与新企业生存绩效、成长绩效间具有积极的调节作用。Senyard（2014）研究发现，团队规模、团队关系强度和团队功能性能够积极调节资源拼凑与企业绩效的关系。张秀娥和张坤（2018）研究发现，规制能够消极调节资源拼凑与新创社会企业经济绩效的关系，但对资源拼凑与新创社会企业社会绩效没有显著的调节作用。

此外，有关资源拼凑与企业绩效之间中介效应的研究相对较少，李非和祝振铎（2014）认为，资源拼凑实际上是企业动态能力构建的过程，有助于提高组织灵活性，积极影响企业绩效。研究发现，动态能力对资源拼凑与新企业绩效具有部分中介作用。

2.3.4 创业生态系统中的网络拼凑

网络拼凑是指基于现有网络关系进行的资源拼凑活动，是资源拼凑的一种重要方式（Baker，Miner and Eesley，2003；Baker，2007），其为资源拼凑的研究提供了新视角（Steffens，Baker and Senyard，2010）。研究发现，即兴创建的公司所涉及的资源拼凑大多为网络拼凑（Baker，Miner and Eesley，2003）。网络拼凑将现有网络关系视为一种手头资源（Duymedjian and Rüling，2010），创业者的拼凑活动受其所拥有网络关系的驱动以促进创业机会的开发，从而推动新企业的创建（Baker，2007）。新企业通过动员网络关系中的成员共同解决外部环境中的不确定性问题（Salimath and Jones，2011），同时，网络拼凑能够将企业与外部市场联系起来，共同进行新产品或服务的开发，从而解决外部环境问题进而创造可持续收入（Holt and Littlewood，2017）。Kannampuzha和Suoranta（2016）提出，网络拼凑是社会创业企业资源开发的一种独特方法，其通过促进营销创意的提出，从而帮助企业应对成立初期的资源约束问题，同时呼吁未来研究更多地关注中小企业或新企业运用网络拼凑的效果。此外，Tasavori、Kwong和Pruthi（2018）基于对9家社会创业企业的案例分析发现，社会创业企业通过结合内部拼凑和网络拼凑方式，开拓市场和开发新产品，促进企业的成长。

创业生态系统中的新企业以网络拼凑为主要资源拼凑方式。创业生态系统中，主体间的网络结构驱动网络拼凑的产生。新企业嵌入创业生态系统多主体的网络关系，资源禀赋中的网络关系优势驱动新企业进行网络拼凑（Baker，Miner and Eesley，2003；Baker，2007；Steffens，Baker and Senyard，2010；王玲等，2017）。同时，主体间的共享逻辑促进网络拼凑的进行。共享逻辑通过提升合法性、信任以及彼此认同（mutual awareness）明确各主体身份，推动主体间的交互作用（Thomas and Autio，2014），从而促进网络拼凑的进行。此外，主体间的治理机制保障网络拼凑的实施。在创业生态系统中，合理的任务分配和权力结构协调生态系统内部主体间的活动保障网络拼凑的平稳实施（Nambisan and Sawhney，2011）。

通过梳理相关文献可以发现，学者对网络拼凑研究尚处于理论探讨阶段，Baker，Miner和Eesley（2003）对网络拼凑的概念进行了界定。部分研究通过案例分析探讨网络拼凑对新企业成长的作用（Baker，2007；Kannampuzha and Suoranta，2016；Tasavori，Kwong and Pruthi，2018）。然而，现有研究尚未对网络拼凑的维度进行深层次挖掘，同时缺乏网络拼凑的测量量表以及大样本的实证研究，特别是在创业生态系统的研究情境下关于网络拼凑对新企业绩效的影响机制的研究更为罕见。

2.3.5　资源拼凑的研究述评

资源拼凑引入创业领域以来得到学者的高度关注和认可。资源拼凑在一定程度上填补了资源基础观和企业成长理论的研究空缺，有助于解释新企业如何应对其初创和早期成长阶段遇到的资源约束问题。本部分主要从资源拼凑的内涵、特征要素、类型和相关实证研究4个方面的研究进行回顾，根据创业生态系统的特性分析得出网络拼凑为创业生态系统中新企业资源拼凑的主要方式，并对网络拼凑的内涵和研究现状进行阐述。

通过梳理国内外资源拼凑和网络拼凑的研究可以发现，大多数学者从个体因素、组织因素和环境因素3个方面挖掘拼凑行为的影响因素，较一致地得出资源拼凑积极影响企业绩效的研究结论，但有关资源拼凑如何影响企业绩效的过程机制的研究较为缺乏。此外，有关网络拼凑的研究还处于起步阶段，尚未对网络拼凑的维度、测量及实证分析进行进一步探讨。

2.4 吸收能力研究综述

吸收能力作为组织管理领域的重要概念，吸引了广大学者的关注和探讨。本部分从吸收能力的内涵出发，总结吸收能力的维度划分和测量方式，对吸收能力相关实证研究进行系统梳理，明确吸收能力的研究现状及研究不足，为构建本书的研究框架奠定理论基础。

2.4.1 吸收能力的内涵

吸收能力源于宏观经济学，指的是吸收外部信息和资源并应用于经济活动中的能力（Adler，1965）。Cohen和Levinthal 1988以企业研发活动为情境对吸收能力进行开创性的研究，提出研发显著地产生创新的同时，能够提升企业识别、同化和利用知识的能力，这种能力被称为学习能力或吸收能力。随后，Cohen和Levinthal（1990）将吸收能力明确地界定为企业识别外部新信息的价值、同化新信息并将其应用于商业目的的能力，该界定目前被国内外学者普遍引用（Murovec and Prodan，2009；解学梅和左蕾蕾，2013）。Cohen和Levinthal（1994）进一步指出，吸收能力可以应用于外部知识，也能够更准确地预测未来技术进步的趋势。Cohen和Levinthal（1990）提出的吸收能力是一种绝对能力，而Lane和Lubatkin（1998）认为，吸收能力是组织层面的一种二元相对能力（dyadic-level），取决于企业与合作伙伴之间知识资源和结构、薪酬体系、处理问题的主导逻辑等方面的相似性，而非研发活动的强度。Mowery和Oxley（1995）认为，吸收能力是处理并转化知识中的隐性部分以及修改已获取知识所需要的一系列技能。Kim（1998）将吸收能力概念化为学习能力和解决问题的能力，吸收能力使企业吸收并创造新知识。Zahra和George（2002）在Cohen和Levinthal（1990）研究的基础上将吸收能力重新定义为借助组织惯例和组织流程进行知识创造和知识利用的动态能力，是促进企业构建并维持竞争优势的能力。吸收能力涉及个体、团队和组织三个层面。个体层面的吸收能力是指知识分享和识别能力；团队和组织层面的吸收能力包括促进知识理解的惯例、历史和故事、文档、流程、启发和专业知识等（Grant，1996；Matusik and Heeley，2005；Volberda，Foss and Lyles，2010）。

  吸收能力的内涵存在一些隐含假设（Roberts et al.，2012）。首先，吸收能力依赖于先前的知识水平（Cohen and Levinthal，1990，1994）。先前知识是吸收能力的基础，缺乏先前知识的企业无法准确判断外部知识的价值（Roberts et al.，2012）。其次，吸收能力聚焦于特定领域，如研发情境（Cohen and Levinthal，1989）、软件开发（Tiwana and McLean，2005）和新产品开发（Pavlou and ElSawy，2006）等。此外，组织整体的吸收能力依赖于个体成员的吸收能力，但不等同于个体吸收能力的总和，企业的吸收能力是由个体成员知识结构的重叠以及组织内部子单元之间的知识转移形成的（Cohen and Levinthal，1990），组织的吸收能力是企业特有的，是无法轻易转移给其他企业的（Roberts et al.，2012）。最后，吸收能力一方面能够随着时间的推移不断积累，一段时间内吸收能力的积累能够促进下一阶段能力的提升（Cohen and Levinthal，1990）；另一方面吸收能力可以帮助企业更准确地预测技术进步的本质和商业价值（Roberts et al., 2012）。

2.4.2 吸收能力的维度

自Cohen和Levinthal（1990）提出吸收能力的概念起，学者对吸收能力进行了多次界定，多数学者认为，吸收能力是一个多维度的概念（Lane, Koka and Pathak, 2006），但对其维度划分尚未达成一致（Jiménez-Barrionuevo, García-Morales and Molina, 2011），大部分学者从过程视角对吸收能力的维度进行划分。Cohen和Levinthal（1990）提出，吸收能力包括知识识别能力、知识同化能力和知识应用能力；Heeley（1997）认为，吸收能力分为知识获取能力和知识传播能力；Lane和Lubatkin（1998）认为，吸收能力包括知识识别能力、知识同化能力和知识应用能力；Lane、Salk和Lyles（2001）强调，知识识别的过程中更为关键的是对知识的理解，因此将吸收能力划分为知识理解能力、知识同化能力和知识应用能力。Zahra和George（2002）在Cohen和Levinthal（1990）研究的基础上提出潜在吸收能力和实际吸收能力，潜在吸收能力是指企业获取和同化知识的能力；实际吸收能力则包含知识转化和利用能力。Todorova和Durisin（2007）将吸收能力扩展为知识识别能力、知识获取能力、知识同化或转化能力、知识利用能力。Schleimer和Pedersen（2013）提出，吸收能力是由知识获取能力、知识整合能力和知识应用能力构成。此外，Murovec和Prodan（2009）根据Schumpeter（1934）的相关研究认为，吸收能力是二元要素结构，分为需求拉动型吸收能力和科技推动型吸收能力。Lane、Koka和Pathak（2006）以及Lichtenthaler（2009）从学习的视角将吸收能力分为探索式学习能力（识别和理解外部知识的能力）、变革式学习能力（同化有价值的外部知识的能力）和利用式学习能力（应用同化的外部知识的能力）。吸收能力的具体维度划分及文献来源见表2.2。

第2章 理论基础与研究综述

表2.2 吸收能力的维度及文献来源

划分依据	吸收能力维度	文献来源
过程视角	知识识别能力、知识同化能力和知识应用能力	Cohen 和 Levinthal, 1990
	知识获取能力和知识传播能力	Heeley, 1997
	知识识别能力、知识同化能力和知识应用能力	Lane 和 Lubatkin, 1998
	知识理解能力、知识同化能力和知识应用能力	Lane、Salk 和 Lyles, 2001
	潜在吸收能力(知识获取能力和知识同化能力)实际吸收能力(知识转化能力和知识利用能力)	Zahra 和 George, 2002; Jansen, Van 和 Volberda, 2005
	知识识别能力、知识获取能力、知识同化或转化能力、知识利用能力	Todorova 和 Durisin, 2007
	知识获取能力、知识整合能力和知识应用能力	Schleimer 和 Pedersen, 2013
供求关系	需求拉动型吸收能力和科技推动型吸收能力	Murovec 和 Prodan, 2009
学习视角	探索式学习能力(识别和理解外部知识的能力)、变革式学习能力(同化有价值的外部知识的能力)和利用式学习能力(应用同化的外部知识的能力)	Lane、Koka 和 Pathak, 2006; Lichtenthaler, 2009

资料来源:笔者根据相关文献整理得到。

2.4.3 吸收能力的测量

通过梳理文献可以发现,吸收能力大多以单维变量和多维变量进行测量(Jiménez-Barrionuevo, García-Morales and Molina, 2011)。早期研究将吸收能力视为单维变量直接进行测量,基于组织研发是吸收能力前提条件的假设(Murovec and Prodan, 2009),使用与研发工作相关的测量指标。此类测量由于指标过于单一,无法反映变量本身的丰富性而受到学者的质疑(Zahra and George, 2002; Murovec and Prodan, 2009)。基于此,一些学者开始扩展吸收能力的测量,从过程视角进行吸收能力的测量维度研究。Lane等(2001)以理解、同化和应用知识能力测量吸收能力;Lin、Tan和Chang(2002)选取适应、生产和应用知识能力3个指标测量吸收能力;Liao、Welch和Stoica(2003)从企业外部知识获取和内部知识传播维度对吸收能力进行测量;Chen(2004)采用同化和复制获取的新知识能力测量吸收能力;

· 47 ·

Jansen等（2005）在Zahra和George（2002）研究的基础上，开发潜在吸收能力和实际吸收能力的经典量表；Jiménez-Barrionuevo、García-Morales和Molina（2011）选取知识获取能力、知识同化能力、知识转化能力和知识应用能力测量吸收能力。具体内容见表2.3。

表2.3　吸收能力的代表性测量方法

吸收能力	测量指标	文献来源
单维变量	研发强度（研发支出除以年销售额）	Cohen和Levinthal，1990
	业务流程信息技术的知识管理	Boynton、Zmud和Jacobs，1994
	在协议达成之前，联盟未来成员之间的技术重叠程度	Mowery、Oxley和Silverman，1996
	在组织外部寻求与自身知识库相关的知识	Shenkar和Li，1999
	研发支出和专利数量	George等，2001
	研发投入和培训人员的研发工作	Petroni和Panciroli，2002
多维变量	知识理解、同化和应用能力，共24个题项	Lane等，2001
	适应、生产和应用知识能力，共15个题项	Lin、Tan和Chang，2002
	企业外部知识获取能力和内部知识传播能力，共13个题项	Liao、Welch和Stoica，2003
	组织同化和复制知识的能力，共5个题项	Chen，2004
	潜在吸收能力和实际吸收能力，共21个题项	Jansen等，2005
	知识获取能力、知识同化能力、知识转化能力和知识应用能力，共18个题项	Jiménez-Barrionuevo，García-Morales和Molina，2011

资料来源：笔者根据相关文献整理得到。

2.4.4　与吸收能力相关的实证研究

20世纪90年代以来，学者对吸收能力进行大量实证研究。本部分对国内外具有代表性的吸收能力研究和与本书内容相关的实证研究进行系统回顾。首先，以吸收能力为核心分析个体层面、组织层面和环境等影响因素。其次，基于相关文献重点梳理吸收能力与企业绩效的关系；分析吸收能力对新企业绩效的影响路径，整理吸收能力与企业绩效间的中介变量。最后，梳理不同要素对吸收能力与新企业绩效关系的调节作用。具体内容见图2.2。

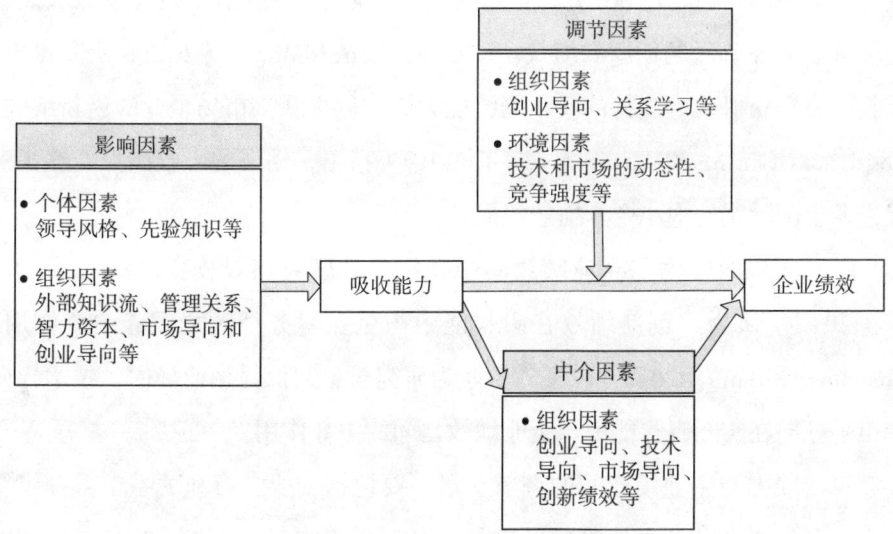

图 2.2　与吸收能力相关的实证研究

资料来源：笔者根据与吸收能力相关的文献整理得到。

经过梳理文献可以发现，学者围绕影响吸收能力的个体和组织因素进行了一系列探讨。例如，在个体层面，中高层管理者的领导风格能够影响吸收能力的探索式、变革式和利用式的学习过程（Sun and Anderson，2012）。Schweisfurth和Raasch（2019）探讨员工的需求型和方案型知识与吸收能力的关系。在组织层面，Jansen、Van den Bosch和Volberda（2005）研究发现，与吸收能力相关的组织机制可以提升外部新知识的获取和同化能力。Kostopoulos等（2011）探讨外部知识流对企业吸收能力的积极影响。Naqshbandi（2016）探讨管理关系对吸收能力的促进作用，吸收能力在管理关系和开放式创新间的中介作用。Engelman等（2017）研究发现了3种智力资本（人力资本、社会资本和结构资本）对吸收能力具有积极影响。Rodríguez-Serrano和Martín-Armario（2019）研究发现，市场导向和创业导向有助于天生国际化中小企业吸收能力的提升。

通过梳理相关研究可以发现，大部分研究发现吸收能力对企业绩效具有积极影响。如George等（2001）研究发现，企业评估知识的能力是企业绩效的重要预测指标。Tsai（2001）研究发现，吸收能力与网络位置的交互效应能够显著影响业务单元的创新和绩效。Kotabe、Jiang和Murray（2017）研究得出，吸收能力和获得政府支持的政治网络能力协同促进新兴市场企业的创新绩效。Rodríguez-Serrano和Martín-Armario（2019）指出，动态的吸收能力能够积极促进天生国际化的中小企业绩效的提升。

学者对吸收能力与企业绩效间中介作用的研究相对较少，Kostopoulos等（2011）认为，创新绩效在吸收能力与企业财务绩效之间起中介作用。Chaudhary和Batra（2018）以家族企业为研究对象，探讨创业导向、技术导向和市场导向在实际吸收能力与企业绩效之间的中介作用。

吸收能力与企业绩效间的调节变量主要包括创业学习和关系学习等组织要素以及动态性和竞争性等环境要素。Wales、Parida和Patel（2013）研究发现，创业导向能够正向调节吸收能力与企业财务绩效间的倒"U"形关系。Albort-Morant、Leal-Rodríguez和Marchi（2018）指出，吸收能力能够积极促进企业绿色创新绩效，且关系学习对吸收能力与绿色创新绩效间具有积极调节作用。此外，Lichtenthaler（2009）研究发现，技术和市场的动态性对吸收能力与新企业绩效具有调节作用。Kotabe、Jiang和Murray（2017）分析竞争强度在政治网络能力和吸收能力的交互与企业创新绩效间的调节作用。

2.4.5 吸收能力的研究述评

由于吸收能力是体现知识资源价值实现的重要能力之一，因此得到学者的广泛探讨和深入研究。通过系统梳理已有研究可以发现，有关吸收能力的研究主要集中在影响因素和作用结果方面，而以吸收能力作为中介变量探究新企业绩效提升机制的实证研究相对较少，特别是在创业生态系统的独特情境下，鲜有研究探讨吸收能力在网络拼凑与新企业绩效间的中介作用。基于此，本书分析创业生态系统中吸收能力对网络拼凑向新企业绩效转化过程中的中介传导作用。

2.5 本章小结

本章主要对相关理论基础和研究进行系统回顾和总结。对社会网络理论、社会认同理论以及知识基础观等理论的来源、核心构念以及理论逻辑进行回顾和整理。随后，系统梳理与本书内容相关的创业生态系统及其网络、资源拼凑以及吸收能力等相关文献，就研究现状及局限性进行述评。为填补现有研究的空白，本书以创业生态系统为研究情境，分析创业生态系统中网络特性对新企业绩效的影响机制以及网络拼凑的中介作用，并引入吸收能力深入探究新企业如何利用网络拼凑提升新企业绩效。本章内容为后续理论模型的构建、研究假设的提出以及研究结果的讨论奠定理论和文献基础。

第3章 基于案例研究的理论模型构建

为深入挖掘创业生态系统的网络特性对新企业绩效的影响机制,本章在理论分析的基础上构建创业生态系统的网络特性—行为—能力—新企业绩效的预测模型,采用探索性多案例研究的方法对北京中关村和深圳湾创业广场中的4家新企业进行半结构化访谈以及相关二手资料的收集,通过对定性数据进行编码分析,总结和提炼创业生态系统中网络特性、网络拼凑以及吸收能力的内涵及维度。在此基础上,通过多个案例的交互验证得到核心构念间的关系并提出研究命题,构建创业生态系统的网络特性对新企业绩效的影响机制模型,为后文中研究假设的提出及实证检验提供实践例证和理论基础。

3.1 模型预设

案例研究的首要任务是明确研究问题,在研究问题的指引下,基于理论基础及相关研究预设理论模型。本书旨在回答创业生态系统的网络特性如何影响新企业绩效的研究问题。根据前文的理论基础和研究回顾,本书按照"网络特性—行为—能力—新企业绩效"的经典研究范式,对理论模型进行初步预设。创业生态系统中新企业具备的网络特性能够促进创业行为的开展,提升企业能力,从而改善新企业绩效。基于上述逻辑,本书构建"网络特性—行为—能力—新企业绩效"预设模型,具体内容如图3.1所示。后续研究聚焦于完善和提炼核心构念的内涵及维度，深入分析构念间的关系并构建理论模型，从而深入揭示创业生态系统的网络特性对新企业绩效的影响机制。

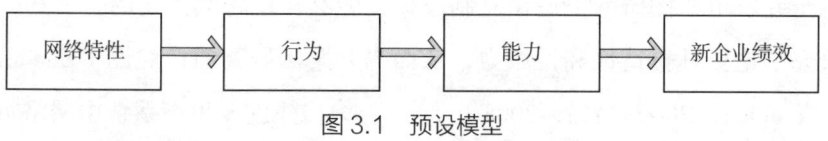

图 3.1　预设模型

资料来源：笔者设计得到。

3.2　案例研究设计

本书遵循科学的案例研究设计流程，具有合理性和严谨性。本书依次介绍探索性多案例研究方法的选择、案例企业的选取、数据的收集以及信度和效度；对关键构念的内涵及度量方法、数据编码和分析过程进行阐释。

3.2.1　研究方法

本书采用探索性多案例的研究方法，其原因如下：首先，本书以创业生态系统为研究情境，探讨新企业如何利用创业生态系统的网络特性进行网络拼凑以提升吸收能力，进而改善新企业绩效的过程机制。研究问题属于怎样（how）的问题范畴，适合于侧重对"过程"探究的案例研究方法（Eisenhardt，1989）。其次，本书围绕创业生态系统的网络特性及其对新企业绩效的作用机制展开研究，虽然现有文献已包含对网络特性与绩效关系的一系列探讨，但大多研究聚焦于一般情境下的网络结构特征，如网络强度、网络密度、网络中心度等（Hoang and Antoncic，2003；Cuervo，Ribeiro and Roig，2007），对创业生态系统中新企业的网络特性的关注不足，特别是关于创业生态系统的网络特性对新企业绩效的影响机制尚缺乏深入剖析，需要采用探索性案例研究进行理论建构（Eisenhardt, 1989；Yin, 2003）。最后，多案例研究较单案例研究更遵循复制逻辑，能够实现跨案例间的验证和拓展，使研究结论更具普适性和说服力，从而提升案例研究的稳健性（Eisenhardt and Graebner, 2007；Yin, 2008）。综上，为构建创业生态系统中网络特性、网络拼凑、吸收能力与新企业绩效间的关系模型，本书采用探索性多案例研究完善创业生态系统中网络特性、网络拼凑及吸收能力的内涵及维度，提炼核心构念间的关系，并构建理论模型。

3.2.2 案例选取

依据研究情境及研究对象，本书采用理论抽样的方法确保证据链达到饱和（Yin, 2003；Eisenhardt and Graebner, 2007），最终确定4家创业生态系统中的新企业为案例企业。案例选择的具体标准如下。一是符合研究情境。选取的4家案例企业均处于创业生态系统的情境中，其中，1家企业地处北京中关村，另外3家企业位于深圳湾创业广场。二是研究对象属于新企业，成立时间在10年以内，符合已有研究对新企业年限的界定（Shepherd, 1999；Fernhaber and Milanov, 2009），并且这4家企业在创业之初面临资源和合法性的缺失（Stinchcombe, 1965）。三是案例企业具有一定的典型性，其网络具有明显的特征，即借助网络关系实现新企业的生存和成长，符合本书的研究逻辑。本书选取的案例企业相关信息见表3.1。

表3.1 案例企业基本信息

案例编号	A	B	C	D
成立时间	2010年	2016年	2017年	2018年
员工人数	14513人	80人	50人	30人
主营业务	智能硬件和电子产品	电子积木和教育学习平台	一站式解决方案平台	导航定位系统和设备

续表

案例编号	A	B	C	D
所处行业	移动互联网	电子产品零售	解决方案服务	软件开发
所处区域	北京中关村	深圳湾创业广场	深圳湾创业广场	深圳湾创业广场
发展历程	2010年4月6日成立。2011年7月正式进军手机市场。2013年创业者敏锐地感知智能硬件和物联网市场前景，开始布局生态链。2015年正式提出智能家居IOT战略；2018年总收入为1749亿元，同比增长52.6%	2016年4月成立，专注于儿童的积木编程培养。2017年获得红点设计大奖和环球资源最佳创意奖等多项荣誉。与北京大学深圳研究院、香港文教协会等30余家国内外知名机构共同筹建多个教育研究基地	2009—2016年，创业者在美国和日本首次开展数字化营销业务，积累渠道资源和媒体库。2017年成为一站式解决方案提供商，帮助国内智能硬件产品登陆众筹平台，进而推向海外市场	创业团队来自国有企业内部的创新团队。2018年，在国有企业和武汉大学的支持下，创建高精度导航和位置服务公司，致力于以高精度PNT（导航、定位、授时）技术和时空大数据技术，促进互联时代的跨地域、跨行业数据融合

资料来源：笔者根据相关资料整理得到。

注：案例A企业在研究团队调研期间成立时间在10年以内。

3.2.3 数据收集及信度、效度保障

本书主要采用一手资料与二手资料相结合的方式进行数据收集。其中，一手资料来自对案例企业创业者或创业团队成员进行的半结构化访谈。研究小组分别于2016年1月、2017年9月、2019年4月和7月，先后赴北京中关村和深圳湾创业广场进行实地调研，对北京中关村科技园区管理委员会、深圳市投资控股有限公司、大企业（如联想和用友）、投资机构（如中美创投、科技媒体爱范儿）等多家孵化器以及创业企业进行半结构化访谈。访谈遵循复制和扩展的逻辑（Eisenhardt and Graebner，2007），选择了4家符合研究情境和标准的新企业为案例企业，询问被访者的意见且不公开企业的内部信息，分别以A、B、C和D替代企业名称。访谈内容涉及两个部分：第一部分是请被访者就企业整体发展历程进行介绍，包括企业创建过程和重要的里程碑事件等；

创业生态系统的网络特性与新企业绩效

第二部分是根据研究内容有针对性地向被访者提问，问题设计包括与哪些企业或非企业性质机构建立联系、如何维持和利用这些联系以及这些联系对企业生存及成长起到何种作用等具有启发式的问题，引导被访者深入思考并如实作答。二手资料主要涉及企业内部资料和外部公开资料。其中，内部资料包括企业年报、内部汇编材料、会议报告、领导讲话以及产品目录等；外部材料包括企业宣传材料、新闻报道以及相关书籍等。

为保障案例研究的信度和效度，依据Yin和Eisenhardt（1989）研究中提及的信度、效度保障策略，本书在研究设计、数据收集、数据编码与数据分析阶段采用相应的保障策略以提升研究的信度和效度。在研究设计阶段，本书系统梳理相关文献为研究框架的提出奠定坚实的理论基础；编制研究计划书，与研究领域相关专家和研究小组成员反复讨论达成一致意见。在数据收集阶段，收集一手资料和二手资料，将不同来源的数据分门别类，建立案例数据库。在数据编码阶段，根据被访者审核反馈的信息修改编码结果，展示"典型例证—构念提取—关系逻辑—理论解释"的完整证据链。此外，对编码结果进行分析、核查、修改以提高预测模型、研究命题与理论模型间的匹配度；经研究小组讨论，对研究人员有争议的解释进行商讨并修订；对不同来源的数据进行相互验证以降低回溯偏差，基于案例研究的差别复制逻辑进行跨案例对比分析。本书的信度、效度策略及应用阶段见表3.2。

表3.2　信度、效度策略及应用阶段

信度、效度指标	信度、效度保证策略	应用阶段
信度	编制研究计划书，与小组成员讨论修改直至意见达成一致	研究设计
	对一手数据和二手数据进行数据整理归类，建立案例数据库	数据收集
	引用被访者原话	数据分析
构念效度	展现完整的证据链：典型例证—构念提取—关系逻辑—理论解释	数据编码
	根据被访者审核反馈的信息修改编码结果	
内在效度	核查、修改以提高预测模型、研究命题与理论模型间的匹配度	数据分析
	经研究小组讨论，对研究人员争议较大的解释进行商讨并修订	

续表

信度、效度指标	信度、效度保证策略	应用阶段
外在效度	系统梳理现有研究，分析指导案例研究	研究设计
	对不同来源的数据进行相互验证，降低回溯偏差	数据分析
	遵从差别复制逻辑，进行跨案例对比分析	

资料来源：笔者根据相关资料整理得到。

3.2.4 数据编码与分析

本书对数据进行三级归纳式编码，使用定性分析软件NVIVO 12将原始数据逐级进行概念化和范畴化，最终提炼核心构念并挖掘构念间的逻辑关系。在编码之前，研究小组成员首先对访谈记录和二手资料进行整理，提取关键事件，梳理企业的发展脉络，从而整体了解案例企业。然后对原始数据进行正式编码，具体编码流程如下。①开放式编码，即一级编码或初级编码，本流程以开放的心态，尽量不受已有理论影响，将原始数据分解和概念化后分别标记，得到一级标签，使每个标签能够独立反映一个关键事件（潘绵臻和毛基业，2009；郭会斌，2016）；将4家企业的一手数据分别标记为A1、B1、C1和D1，二手数据标记为A2、B2、C2和D2。②主轴式编码，即寻找一级标签之间的逻辑关联，对一级标签进行范畴化处理（Berg，2007），挖掘一级标签背后的深层次结构，得到主范畴或二阶范畴。③选择式编码，即将主范畴再次范畴化，得到核心范畴；分析核心范畴之间的逻辑关系，从而深化理论框架。核心范畴、二阶范畴、一级标签及企业编码条目统计见表3.3。

表3.3 核心范畴、二阶范畴、一级标签及企业编码条目统计

核心范畴	二阶范畴	一级标签示例	企业编码条目				小计
			A	B	C	D	
关系异质性	显性异质性	与不同主体建立联系（A2），联系大企业、政府、投资机构等（B1），联系大集团（C1），和不同机构合作（D1）等	10	14	15	11	50

续表

核心范畴	二阶范畴	一级标签示例	企业编码条目 A	B	C	D	小计
关系异质性	隐性异质性	对技术和资源的认同（A2），彼此价值观契合（B1），品牌和能力认同（C1），对合作者存在其他方面的认同（D1）等	6	10	12	8	46
关系多重性	关系类型/主体角色多重性	竞争关系和合作关系（A2），朋友兼商业合作伙伴(A2)，孵化关系和业务合作关系(B1)，投资者和战略合作伙伴（B1），投资者和业务合作者（C1），朋友和合作关系（C1），服务对象和扶持对象（D1），个人关系和商业关系（D1）等	7	11	14	12	44
关系变化性	关系范围变化性	增加与大学、政府和孵化企业的关系（A2），和投资机构联系（B1），对接新的合作伙伴（C1），与其他领域的企业合作（D1）等	9	6	8	12	35
关系变化性	关系性质变化性	竞争关系变为竞合关系（A2），由咨询和融资关系变为战略合作关系（B1），校友关系变为投资关系（C1），雇用关系变为合作伙伴关系（D1）等	4	5	4	8	21
网络拼凑	利用现有网络进行资源拼凑	通过关系拼凑技术（A2），提供咨询（B1），提供基础服务（C1），不断与人聊事情、谈合作（D1）等	11	15	8	9	43
网络拼凑	重组现有网络进行资源拼凑	利用与新主体的关系，如与大学、政府和投资/孵化企业间的关系（A2），组合利用与不同企业的关系（B1），重组与多个大学的合作推出新产品等（C1），以市场渠道和投资属性建立联系（D1）等	9	6	10	7	32
网络拼凑	基于现有网络创造新的网络进行资源拼凑	政府牵头与基地建立合作（A2），通过资源支持提供孵化服务（B1），建立产业合作（C1），帮助我们对接潜在资源提供方（D1）等	7	5	4	3	19
潜在吸收能力	知识获取和同化能力	观察他人的行动意识到行业出现瓶颈（A2），沟通解决需求痛点（B1），与同行业的同事交流（C1），探讨未来合作（D1）等	6	4	11	5	26
实际吸收能力	知识转化和应用能力	支撑力来自跨界学习（A2），与客户讨论产品改进等（B1），团队内部探讨市场需求和新产品开发（C1），团队之间抱团取暖（D1）等	4	9	8	6	27

续表

核心范畴	二阶范畴	一级标签示例	企业编码条目 A	B	C	D	小计
新企业绩效	财务绩效	实现共赢（A2），现金流可观（B1），将市场做大等（D1），打开销售市场（B1），实现更多价值（D1）等	8	7	3	6	24
	成长绩效	成长速度很快（B1），推出新产品（C1），实现快速成长（D1）等	4	5	7	4	20

资料来源：笔者根据编码结果整理得到。

3.3 基于案例分析的构念内涵及维度探索

3.3.1 网络特性的内涵及维度探索

1. 关系异质性

根据案例编码结果可以发现，创业生态系统中新企业与政府、大企业、高校和科研机构以及中介机构等不同背景的多种主体相互联系。案例企业中，A企业与金山和百度等大企业、多家互联网投资机构和风险机构以及清华大学等主体建立联系；B企业了解大企业、政府、投资机构、创业者、地域、产业政策、区域发展等；C企业通过与南方科技大学、哈尔滨工程大学等合作整合人工智能技术资源；D企业和不同的机构合作，转换更多资源。结合创业生态系统中新企业网络特性的理论分析可以发现，创业生态系统中的网络关系具有异质性。在创业生态系统的情境下，关系异质性是指新企业与成熟企业、政府、高校和科研机构、投资机构以及中介机构等不同主体建立联系的程度。一方面，关系异质性反映主体间的显性特征差异，如行业、所有制、规模等，显性异质性能够通过有形特征分辨主体间的差异。另一方面，关系异质性体现隐性认知差异，主要指新企业对不同关系成员存在认同差异。

2. 关系多重性

创业生态系统的主体具备多种功能，新企业与其他主体进行多种资源互动，形成具有多种支持功能的多重关系。本书的案例编码结果显示，创业生态系统中的新企业同其他企业之间具有多重的网络关系。A企业与百度在智能音箱领域既存在竞争关系也存在合作关系。B企业与基金有限合伙人（LP）之间存在智能硬件领域的业务合作关系。C企业与其合作伙伴不仅有业务板块的合作，也建立有投融资关系。D企业同政府建立多重关系以实现共赢，并为政府提供相关政策信息反馈的同时获得政府补贴，D企业既是服务者又是获益者。基于此，本书发现，在创业生态系统的情境下，由于主体间存在认知和资源互动，主体间容易形成多重的网络关系，特别是竞合关系，竞争是市场环境中主体关系的常态，在主体因争夺有价值的稀缺资源而相互竞争时，创业生态系统中的多个主体基于共享逻辑聚集在一起，遵守共同的行为规范，对协作目标和价值逻辑有共同的理解（Thomas and Autio，2014），增进主体间的合作及认同（Gawer and Phillips，2013），由此，主体间的竞合关系得以建立。

3. 关系变化性

为应对外部环境的动态变化产生的机会和挑战，创业生态系统中的新企业通过改变与原有网络成员的关系或搭建与新主体的网络关系，提升资源和机会开发行为的灵活性。因此，创业生态系统的网络关系不是一成不变的，而是随着外部环境的变化发生动态变化的。基于案例编码结果可以发现，A企业为追寻互补性技术资源提升智能音箱产品的性能，与竞争对手百度搭建合作关系，二者由原来的竞争关系变为竞合关系。B企业与所在孵化器间随着二者需求的动态变化不断调整和叠加关系，由最初孵化器提供创业咨询服务形成的引导和咨询关系，到基于企业资金需求与孵化器建立的投资关系，再到因业务板块搭建的战略合作关系。C企业由于推出的产品与大企业聚焦的产业相契合，在投资机构的引荐下，成功搭建与大企业的合作关系，从而扩大C企业网络关系的范围。综上，创业生态系统中网络关系具有变化性，新企业网络关系的变化是一个动态复杂的过程，在外部环境变动和自身需求的驱动下，新企业网络关系既涉及同新主体关系的搭建，也涵盖与原主体关系的变化，新企业的网络关系范围和性质均可以发生改变。

3.3.2 网络拼凑的内涵及维度探索

新企业嵌入创业生态系统的网络关系，主体间的网络结构、治理机制和共享逻辑共同促进新企业基于现有网络关系进行资源拼凑，助推创业企业的成功开发进而实现价值创造。创业生态系统中新企业的网络拼凑主要依赖于与其他成熟企业或新企业、政府、投资机构、高校和科研机构以及中介机构等其他主体的关系，需要新企业即刻行动，拼凑外部所需资源，并不断重组资源以实现新的目标。

通过对案例数据进行编码分析可以发现，新企业会选择不同的网络拼凑方式推动机会的开发。案例企业中，A企业利用与晨兴资本、启明创投等投资机构间的关系拼凑财务资源，重组与金山、微软、谷歌、三星、高通、天马等企业的关系拼凑技术资源、人力资源和财务资源，合作推出智能手机产品。随着发展，A企业在原有网络关系的基础上，逐渐与互联网融资机构、大学、政府和孵化企业建立新的关系拼凑财务资源、技术资源和人力资源等，共同构建具有物联网功能的生态圈。B企业直接利用企业、政府、投资机构拼凑互补性资源，组合利用并重组与不同主体的网络关系应用于不同产品和服务的开发。C企业利用与清华大学的直接关系在拼凑技术资源和人力资源的同时，重组同清华大学的直接关系以及同哈尔滨工业大学和哈尔滨工程大学的间接关系拼凑互补性技术资源，合作推出新产品。D企业所处的孵化器拥有大企业、科研院所、投资机构以及潜在客户等关系资源，其利用这些关系资源创造同这些主体的新关系，并拼凑互补性资源。

通过上述分析和总结可以发现，新企业的网络拼凑方式根据网络关系的加工程度不同可划分为三种，即利用现有网络进行资源拼凑、重组现有网络进行资源拼凑和基于现有网络创造新的网络进行资源拼凑。新企业会根据不同类型的创业机会选择不同的网络拼凑方式。新企业发现环境变动产生的创业机会，会直接利用现有网络关系拼凑互补性资源完成机会开发；随着外部环境的复杂变化，创业者在与其他主体互动时识别、评估和利用创业机会，创业者需要重新组合现有网络关系应用于不同机会的开发，连同其他主体共同实现创业机会的成功开发；当现有网络和重组现有网络均无法满足多主体的机会开发需求时，新企业需要基于现有网络关系创造新的网络，结合新的关系成员和已有关系成员进行资源和认知的互动，成功开发创业机会。

3.3.3 吸收能力的内涵及维度探索

吸收能力是指企业识别外部新信息的价值、同化新信息并将其应用于商业目的的能力（Cohen and Levinthal，1990）。根据案例分析可以发现，创业生态系统中的新企业通过与其他主体进行信息、知识和认知等互动，促进知识的获取、同化、转化和利用。Zahra和George（2002）从知识管理过程的视角对吸收能力进行划分，将知识获取和同化能力归结为潜在吸收能力，知识转化和利用能力总结为实际吸收能力。

结合对吸收能力的已有研究和案例分析可以发现，创业生态系统中的新企业通过与其他主体的互动作用促进知识的获取和同化，提升潜在吸收能力，并通过在企业内部进行进一步沟通和交流促进外部知识与已有知识的融合和应用，从而改善实际吸收能力。例如，A企业生态链上的其他企业通过与苹果、摩托罗拉、美的、飞利浦、三洋等企业进行跨界合作，学习新技术和知识并进行交流合作。B企业所处的孵化器通过营造社区文化氛围促进孵化企业与园区其他主体的交流和沟通。新企业通过与其他主体的互动作用收集外部信息并积累行业经验，就企业运营过程中的需求痛点进行讨论，从而有效地将获得的知识融入并应用到企业内部问题解决方案中。C企业经常参加园区的路演活动，每次活动都会给企业导入一定的资源，促成企业与同行业企业间的交流，如企业内部团队之间经常探讨新产品开发，思考如何追踪市场需求等。D

企业所在的孵化器拥有很强的市场渠道和投资属性，经常聚集相关人员以探讨未来合作机会；同时，孵化器给企业提供服务包，第一时间帮助企业解决问题。D企业基于较强的咨询和沟通能力，将新知识转化到企业内部各细分部门，团队内部商讨如何将新知识应用于未来的产品开发。

综上所述，创业生态系统中的新企业在多主体互动的作用下，通过获取和同化新知识提升潜在吸收能力，基于知识的转化和应用改善实际吸收能力。

3.4 基于案例分析的理论模型构建

3.4.1 网络特性、网络拼凑与新企业绩效

创业生态系统的网络特性能够直接影响新企业绩效，同时关系异质性、关系多重性和关系变化性能够通过促进不同的网络拼凑行为间接作用于新企业绩效，具体参见表3.4。

通过对4家案例企业的编码分析可以发现，创业生态系统中新企业的关系异质性、关系多重性以及关系变化性均能够直接影响绩效。一是关系异质性对新企业绩效的直接影响。如A企业与创业生态系统中不同行业、规模及所有制的主体进行合作促进新产品的开发，如百度、微软、爱奇艺以及老虎证券等。B企业通过连接大企业、政府、投资机构、创业企业等不同类型的主体，了解区域和产业相关政策，有利于企业进一步的发展。C企业与创业生态系统中多家高校和科研机构进行产学研合作，如清华大学、哈尔滨工程大学以及南方科技大学等，共同推进项目进程。二是关系多重性直接影响新企业绩效。如C企业同合作伙伴在业务模块方面具有合作关系，同时在其他业务板块，合作伙伴会帮助C企业搭建与投资机构的关系或对C企业直接进行投资，二者之间不仅是业务合作关系，也包括投资关系和中介服务关系，促进了企业的共

同发展。D企业与政府间各自发挥双重身份作用，企业是政府出台政策进行帮扶的对象，同时，也为政府反馈信息以及提供产品或服务等，二者相互促进，实现共赢。三是关系变化性会直接影响新企业绩效。如A企业原本与百度在智能音箱领域存在竞争关系，2017年基于技术资源互补达成合作关系，A企业的物联网（IoT）和智能硬件技术优势结合百度的人工智能技术（AI），联手共建"IoT+AI"生态体系，一方面提高A企业产品的智能化程度，另一方面百度的人工智能研发技术落地。

同时，创业生态系统的网络特性通过促进新企业利用现有网络进行资源拼凑、重组现有网络进行资源拼凑以及基于现有网络创造新的网络进行资源拼凑，进而改善新企业绩效，这是网络特性影响新企业绩效的间接路径。一是关系异质性通过促进新企业利用现有网络进行资源拼凑以提升新企业绩效。如A企业直接利用与微软和爱奇艺的现有隐性异质性关系拼凑人工智能技术和视频内容资源，从而更好地服务生态链企业。B企业分别利用与北京大学深圳研究院、香港文教协会等30余家国内外知名机构的网络关系拼凑财务资源，共同筹建多个教育研究基地，为企业新产品的研发提供技术支撑。二是关系异质性通过促进新企业重组现有网络进行资源拼凑以改善新企业绩效。如C企业重组与清华大学、哈尔滨工程大学及哈尔滨工业大学的网络关系拼凑相关技术资源，合作研发新产品。D企业重组与不同机构的合作关系，转换更多的资源以满足机会开发的需求。三是关系异质性推动新企业基于现有网络创造新的网络进行资源拼凑，以积极影响新企业绩效。如C企业借助孵化器组织的活动搭建与风险投资机构和相关产业合作伙伴的新关系，拼凑财务资源和技术资源等，共同推动产品投入市场。D企业在所处孵化器的帮助下搭建与大企业、科研机构、投资机构以及客户的关系以拼凑互补性资源、共同开拓市场。

关系多重性促进新企业利用现有网络进行资源拼凑，进而提升新企业绩效。如B企业利用与有限合伙人的投资关系和业务合作关系拼凑品牌资源和技术资源，共同推出智能硬件产品。D企业与很多合作伙伴是朋友关系，在此基

第3章 基于案例研究的理论模型构建

础上进行商业合作,结成朋友关系和商业关系的双重关系,利用与合作伙伴的多重关系拼凑互补性资源,推动企业的发展。关系多重性积极影响新企业重组现有网络进行资源拼凑,进而提升新企业绩效。如A企业重组与先前合作伙伴的朋友关系和供应商关系,拼凑、研发和供应链相关的技术资源,共同创建生态链企业。D企业通过重组与大企业的多重关系拼凑市场资源和财务资源,促进企业平稳运营。关系多重性通过促进新企业基于现有网络创造新的网络进行资源拼凑,进而提升新企业绩效。如B企业基于与孵化器的投资孵化及业务合作伙伴搭建与科研机构的关系,拼凑相关技术资源,组建新产品研发项目组。D企业基于与中海油的多重关系建立新的业务合作关系,共同推进无人机的开发。

  关系变化性促进新企业利用现有网络进行资源拼凑,进而提升新企业绩效。如B企业与所处孵化器的关系随着时间的推移而变化,从简单的咨询服务关系变为投资关系,进而由于业务板块的相关性成为战略合作伙伴;企业利用与孵化器的变化关系拼凑多种资源在灵活应对外部环境挑战的同时,关系变化性通过积极影响重组现有网络进行资源拼凑以促进新企业绩效的提升。与第一阶段相比,A企业发展的第二阶段为构建生态链搭建及建立与新主体的关系,如与大学、政府和投资或孵化企业建立新关系,这种关系范围的扩大有助于新企业拼凑大学的人力和技术资源、政府的财务资源及投资以及孵化企业的技术资源等,生态系统内主体间的跨界合作促使网络不断延伸,进而打破行业边界。C企业搭建与多家企业和创业服务机构的新关系拓宽关系范围,有助于企业重组与多个主体的关系进而开展下一步合作。此外,关系变化性有利于新企业基于现有网络创造新的网络进行资源拼凑,进而积极影响新企业绩效。如B企业在与孵化器合作的基础上创造与其他投资机构的合作关系,这种关系的变化有利于B企业创造新的网络拼凑财务资源,满足企业生存和成长的需要。D企业通过与大企业的关系和与其他企业搭建新关系进行网络拼凑,有助于企业进一步开拓市场。综上所述,本书提出以下命题。

  命题1:创业生态系统网络关系的异质性、多重性及变化性有利于新企业绩效的提升。

命题2：创业生态系统网络关系的异质性、多重性及变化性通过促进新企业使用不同的网络拼凑方式进而提升新企业绩效。

表3.4　网络特性、网络拼凑与新企业绩效的典型例证

典型例证	构念提取	关系逻辑	构念间关系	理论解释
连接大企业、政府、投资机构，了解地域和产业政策、区域发展，有利于谋划下一步发展（B1）项目本身需要各方的产学研支持，会撬动与清华大学、哈尔滨工程大学、南方科技大学均建立合作关系（C1）	◆ 关系异质性 ◆ 新企业绩效	关系异质性能够帮助新企业整合不同主体的资源，进而提升绩效	关系异质性 ⇓ 新企业绩效	关系异质性积极影响新企业绩效
同时搭建业务板块和投融资的合作关系，共同谋发展（C1）与政府建立互惠互利的合作关系（D1）	◆ 关系多重性 ◆ 新企业绩效	关系多重性促进主体间进行多种资源交换，有助于改善新企业绩效	关系多重性 ⇓ 新企业绩效	关系多重性积极影响新企业绩效
与百度建立竞争和合作关系，实现共赢（A2）与大企业间的关系发生变化，促进企业长期发展（C1）	◆ 关系变化性 ◆ 新企业绩效	关系变化性帮助新企业根据环境变动适时进行调整，提升新企业绩效	关系变化性 ⇓ 新企业绩效	关系变化性积极影响新企业绩效
与微软合作是基于人工智能技术的认同，与爱奇艺合作是基于视频内容资源的认同，从而更好地服务于生态链企业（A2）与北京大学深圳研究院等30余家国内外知名机构共同筹建多个教育研究基地（B2）	◆ 关系异质性 ◆ 利用现有网络进行资源拼凑 ◆ 新企业绩效	新企业利用现有的异质性关系拼凑多种所需资源，促进新企业绩效的提升	关系异质性 ⇓ 利用现有网络进行资源拼凑 ⇓ 新企业绩效	关系异质性通过促进新企业利用现有网络进行资源拼凑以提升新企业绩效
与多所大学建立合作，共同推出新产品（C1）与不同机构针对不同项目建立合作，转换并整合互补资源（D1）	◆ 关系异质性 ◆ 重组现有网络进行资源拼凑 ◆ 新企业绩效	新企业重组现有的异质性关系以拓宽网络拼凑的范围，有助于新企业绩效的改善	关系异质性 ⇓ 重组现有网络进行资源拼凑 ⇓ 新企业绩效	关系异质性通过促进新企业重组现有网络进行资源拼凑，从而改善新企业绩效

第 3 章 基于案例研究的理论模型构建

续表

典型例证	构念提取	关系逻辑	构念间关系	理论解释
与投资机构、产业合作伙伴等建立新的合作，也能通过平台建立新的合作（C1） 在现有关系的基础上与大企业和科研院所等潜在资源提供方建立关系，对接资源，从而扩大市场份额（D1）	◆ 关系异质性 ◆ 基于现有网络创造新的网络进行资源拼凑 ◆ 新企业绩效	新企业在现有异质性关系的基础上创造新的网络关系进行资源拼凑以满足机会开发的资源需要，进而提升新企业绩效	关系异质性 ⇓ 基于现有网络创造新的网络进行资源拼凑 ⇓ 新企业绩效	关系异质性推动新企业基于现有网络创造新的网络进行资源拼凑，进而积极影响新企业绩效
基金的有限合伙人也是品牌合作伙伴，从品牌的角度和我们智能硬件达成战略合作（B1） 与合作者既存在朋友关系也具有商业关系,持续推进合作(D1)	◆ 关系多重性 ◆ 利用现有网络进行资源拼凑 ◆ 新企业绩效	新企业利用现有多重关系进行资源拼凑以巩固经济交易的稳定性，有利于新企业绩效的提升	关系多重性 ⇓ 利用现有网络进行资源拼凑 ⇓ 新企业绩效	关系多重性通过促进新企业利用现有网络进行资源拼凑，进而提升新企业绩效
投资方与创业者具有朋友关系和投融资关系，共同创建生态链企业（A2） 国有企业员工拥有买方市场，同时具有投融资关系，为企业长期发展提供保证（D1）	◆ 关系多重性 ◆ 重组现有网络进行资源拼凑 ◆ 新企业绩效	新企业重组现有多重关系拼凑多样化的资源，进而提升新企业绩效	关系多重性 ⇓ 重组现有网络进行资源拼凑 ⇓ 新企业绩效	关系多重性通过积极影响新企业重组现有网络进行资源拼凑，进而提升新企业绩效
科研机构能够满足企业技术需求，在原有的关系基础上建立多重合作孵化关系，整合互补资源并建立一个项目组（B1） 与中海油合作，早期项目可以对接他们的无人机需求，在此基础上建立战略合作关系，保持可持续合作（D1）	◆ 关系多重性 ◆ 基于现有网络创造新的网络进行资源拼凑 ◆ 新企业绩效	新企业基于现有多重关系创造新的网络关系进行资源拼凑以克服资源约束，从而改善新企业绩效	关系多重性 ⇓ 基于现有网络创造新的网络进行资源拼凑 ⇓ 新企业绩效	关系多重性通过促进新企业基于现有网络创造新的网络进行资源拼凑，有助于新企业绩效的提升

续表

典型例证	构念提取	关系逻辑	构念间关系	理论解释
在咨询关系，业务板块的合作关系的基础上建立投融资关系，与合作方共同打造一个领域（B1） 由基础服务，逐渐叠加投资服务和市场渠道服务（C1）	◆ 关系变化性 ◆ 利用现有网络进行资源拼凑 ◆ 新企业绩效	新企业利用现有变化的网络关系进行资源拼凑以快速应对外部挑战，有助于新企业绩效的提升	关系变化性 ⇩ 利用现有网络进行资源拼凑 ⇩ 新企业绩效	关系变化性促进新企业利用现有网络进行资源拼凑，进而提升新企业绩效
与第一阶段相比，第二阶段的企业为构建生态链进一步加强与大学、政府和投资或孵化企业的关系（A2） 第一时间给对接一些伙伴，甚至提供无偿资源和服务，后续开展一些公司层面的合作（C1）	◆ 关系变化性 ◆ 重组现有网络进行资源拼凑 ◆ 新企业绩效	新企业重组变化后网络关系进行资源拼凑以满足动态的资源需求，有利于新企业绩效的改善	关系变化性 ⇩ 重组现有网络进行资源拼凑 ⇩ 新企业绩效	关系变化性通过积极影响重组现有网络进行资源拼凑以促进新企业绩效的提升
孵化器与我们建立投资关系，后续与投资机构联合投资（B1） 开始与大企业合作，后续通过大企业引荐与其他企业建立新的合作关系（D1）	◆ 关系变化性 ◆ 基于现有网络创造新的网络进行资源拼凑 ◆ 新企业绩效	新企业基于变化后网络关系创造新的网络进行资源拼凑以促进机会开发，进而提升新企业绩效	关系变化性 ⇩ 基于现有网络创造新的网络进行资源拼凑 ⇩ 新企业绩效	关系变化性有利于新企业基于现有网络创造新的网络进行资源拼凑，进而积极影响新企业绩效

资料来源：笔者根据编码结果整理得到。

3.4.2 网络拼凑、吸收能力与新企业绩效

创业生态系统中的新企业采用不同的网络拼凑方式克服新生资源劣势，提升新企业绩效。同时，新企业通过对现有网络进行加工后的再利用，拼凑外部所需资源，基于主体间的资源互动，推动新企业对新知识的获取、同化、转化和利用以提升潜在和实际的吸收能力，进而改善绩效，具体参见表3.5。

通过对案例材料进行编码提炼可以发现，新企业通过利用现有网络、重

组现有网络以及基于现有网络创造新的网络进行资源拼凑，进而提升新企业绩效。首先，新企业利用现有网络进行资源拼凑以提升新企业绩效。如A企业利用与同学的个人关系拼凑财务资源，从而满足新企业创业初期的资金需求。C企业利用与合作伙伴的商业关系拼凑声誉资源，帮助企业提升品牌影响力。其次，新企业通过重组现有网络进行资源拼凑以提升新企业绩效。如C企业重组与大学及大企业的商业关系进行资源拼凑，帮助新企业解决创业过程中的难题。D企业重组与孵化器以及孵化器和投资机构的网络关系拼凑市场资源和财务资源，从而推动企业快速成长。最后，新企业基于现有网络创造新的网络进行资源拼凑以提升新企业绩效。如C企业基于与孵化器的网络关系与跨境全球支付系统相关的企业进行对接，拼凑技术资源，从而促进机会开发。在创业生态系统中，网络拼凑活动的交互作用积极影响新企业对新知识的获取和同化，帮助企业解决运营过程中的难题，从而促进新企业绩效的提升。因此，新企业通过选择不同的网络拼凑方式提升潜在吸收能力，从而改善新企业绩效。首先，新企业利用现有网络进行资源拼凑提升潜在吸收能力，进而改善新企业绩效。如C企业通过多次交流活动，基于与同行业的合作伙伴的网络关系拼凑资源和沟通交流，获取和理解新知识，有助于企业识别新机会。D企业利用与孵化器的关系拼凑与创业服务相关的资源并获得相关知识，形成问题解决的方案，有利于企业突破挑战、成功开发创业机会。其次，新企业通过重组现有网络进行资源拼凑提升潜在吸收能力，进而改善新企业绩效。如C企业参加行业大赛，搭建与同行业企业以及投资机构的网络关系拼凑信息和财务等资源，通过与多个主体的交互作用促进新知识的获取和理解，促进企业进一步发展。D企业在与孵化器连接的主体进行网络拼凑的基础上，同大企业和投资机构等就下一步合作机会进行探讨，促进知识获取和同化，进而推动新企业对新机会的识别、评估和开发。最后，新企业基于现有网络创造新的网络进行资源拼凑促进潜在吸收能力的提升，进而提高新企业绩效。在社区文化的驱动下，B企业基于与孵化器的关系创造同深圳湾创业广场中其他企业或非企业机构的关系，通过在公共区域如特设的酒吧进行沟通拼凑信息资源和知识资源，提升知识的潜在吸收能力、解决问题的能力，提高企业效率等。

在创业生态系统中网络成员拼凑活动的作用下，新企业将获取和同化的新知识进行进一步的分解和转化，与原有知识结合共同应用于机会开发。基于此，新企业对网络关系进行不同程度的加工进行资源拼凑以提升实际吸收能力，进而提升新企业绩效。首先，新企业利用现有网络进行资源拼凑以提升实际吸收能力，进而改善新企业绩效。如B企业的研发团队与合作伙伴共同商讨新产品开发和市场扩张等方案，帮助新企业将获取的知识和经验转化并应用于商业进程促进绩效的提升。C企业经常就新产品开发的想法和创意与网络成员进行探讨，根据获取的新知识把握市场需求，团队讨论如何结合新旧知识共同应用于新产品或服务的开发。其次，新企业通过重组现有网络进行资源拼凑以提升实际吸收能力，进而改善新企业绩效。如A企业通过重组与其他主体的网络关系拼凑互补性资源，共同开发电饭煲项目的创业机会。在此过程中，主体间相互学习、彼此支撑，打破原有行业的固定地位，成功实现跨界运营。B企业基于同多个高校的网络关系拼凑客户资源并与校领导深度交流行业内部问题，就现有产品的改进和新产品的开发提出意见和建议。最后，新企业基于现有网络创造新的网络进行资源拼凑以提升实际吸收能力，进而改善新企业绩效。如B企业在教育学习平台系统客户关系的基础上发展新客户，聚集新旧客户，通过与不同客户进行交流互动拓展新的业务板块。D企业基于孵化器间的关系不断开拓与新客户的关系，团队之间通过沟通"抱团取暖"，推动知识的转化和应用，促进共同成长。

综上所述，本书提出以下命题。

命题3：新企业利用现有网络进行资源拼凑、重组现有网络进行资源拼凑以及基于现有网络创造新的网络进行资源拼凑有助于改善新企业绩效。

命题4：新企业通过不同的网络拼凑方式提升潜在吸收能力和实际吸收能力，进而改善新企业绩效。

第 3 章 基于案例研究的理论模型构建

表3.5 网络拼凑、吸收能力与新企业绩效的典型例证

典型例证	构念提取	关系逻辑	构念间关系	理论解释
A企业公布股权结构,最大股东与创业者是同学关系(A2)帮助我们去扩大影响力,在品牌推广方面合作(C1)	◆ 利用现有网络进行资源拼凑 ◆ 新企业绩效	新企业直接利用现有的网络关系拼凑互补性资源,以提高新企业绩效	利用现有网络进行资源拼凑 ⇩ 新企业绩效	利用现有网络进行资源拼凑积极影响新企业绩效
在硬件和软件资源方面与大学、大企业进行全方位合作,解决创业过程中的问题(C1) 合作伙伴擅长资本和市场商业模式,帮助企业进行市场定位,获取资源,最终实现快速成长(D1)	◆ 重组现有网络进行资源拼凑 ◆ 新企业绩效	新企业重组现有的多个网络关系进行资源拼凑,以促进新企业绩效	重组现有网络进行资源拼凑 ⇩ 新企业绩效	重组现有网络进行资源拼凑积极影响新企业绩效
与合作者共同开发跨境全球支付系统,对接资源和客户(C1) 孵化器拥有全国甚至海外的关系网络,能够帮助小企业链接到大企业(D1)	◆ 基于现有网络创造新的网络进行资源拼凑 ◆ 新企业绩效	新企业基于现有的网络关系创造新的网络拼凑机会开发所需的资源,以改善新企业绩效	基于现有网络创造新的网络进行资源拼凑 ⇩ 新企业绩效	基于现有网络创造新的网络进行资源拼凑积极影响新企业绩效
通过互动活动导入资源,与同行业的同事在活动中进行交流(C1) 孵化器提供服务包,第一时间帮助企业解决各类问题,促进企业价值创造(D1)	◆ 利用现有网络进行资源拼凑 ◆ 潜在吸收能力 ◆ 新企业绩效	新企业通过现有网络关系拼凑资源促进知识获取和同化以提升潜在吸收能力,进而提高绩效	利用现有网络进行资源拼凑 ⇩ 潜在吸收能力 ⇩ 新企业绩效	利用现有网络进行资源拼凑提升潜在吸收能力,进而改善新企业绩效
通过展会大赛结识同行和资本方,促进合作的达成(C1) 探讨有关市场渠道和投融资的业务,促进合作机会的产生(D1)	◆ 重组现有网络进行资源拼凑 ◆ 潜在吸收能力 ◆ 新企业绩效	新企业重组现有网络关系进行资源拼凑有利于积累和理解新知识以提升潜在吸收能力以改善绩效	重组现有网络进行资源拼凑 ⇩ 潜在吸收能力 ⇩ 新企业绩效	重组现有网络进行资源拼凑提升潜在吸收能力,进而改善新企业绩效

· 71 ·

续表

典型例证	构念提取	关系逻辑	构念间关系	理论解释
在社区文化氛围下沟通需求的痛点,解决企业面临的问题(B1) 投资人通过参加活动与企业建立更多方面的业务合作(D1)	◆ 基于现有网络创造新的网络进行资源拼凑 ◆ 潜在吸收能力 ◆ 新企业绩效	新企业基于现有网络关系搭建新的网络进行资源拼凑以获取并同化知识,提升潜在吸收能力,进而提升绩效	基于现有网络创造新的网络进行资源拼凑 ⇩ 潜在吸收能力 ⇩ 新企业绩效	基于现有网络创造新的网络进行资源拼凑促进潜在吸收能力的提升,进而提高新企业绩效
团队之间经常探讨新产品开发的想法,跟踪市场需求,思考如何开发新市场(C1) 通过沟通未来计划,占据市场份额,创造收益(B1)	◆ 利用现有网络进行资源拼凑 ◆ 实际吸收能力 ◆ 新企业绩效	新企业利用现有网络进行资源拼凑促进知识的转化和利用以提升实际吸收能力,进而改善绩效	利用现有网络进行资源拼凑 ⇩ 实际吸收能力 ⇩ 新企业绩效	利用现有网络进行资源拼凑以提升实际吸收能力进而改善新企业绩效
通过与合作伙伴相互学习突破业务发展过程的难点(A2) 与不同机构交流互动,共同解决企业出现的问题(B1)	◆ 重组现有网络进行资源拼凑 ◆ 实际吸收能力 ◆ 新企业绩效	在新企业重组现有网络进行资源拼凑的作用下,新企业转化并利用新知识以提升实际吸收能力,进而改善绩效	重组现有网络进行资源拼凑 ⇩ 实际吸收能力 ⇩ 新企业绩效	重组现有网络进行资源拼凑以提升实际吸收能力,进而改善新企业绩效
依托系统发展客户和后续业务板块,在此基础上不断建立关系(B1) 提供场地、资源、创业氛围、客户和关系构建等方面的服务(D1)	◆ 基于现有网络创造新的网络进行资源拼凑 ◆ 实际吸收能力 ◆ 新企业绩效	新企业通过基于现有网络创造新的网络进行资源拼凑的作用促进主体间互动作用以提升实际吸收能力,进而改善绩效	基于现有网络创造新的网络进行资源拼凑 ⇩ 实际吸收能力 ⇩ 新企业绩效	基于现有网络创造新的网络进行资源拼凑以提升实际吸收能力,进而改善新企业绩效

资料来源:笔者根据编码结果整理得到。

3.4.3 理论模型的构建

本书在理论基础和案例分析的基础上,提出如下命题:创业生态系统的网络特性(关系异质性、关系多重性和关系变化性)积极影响新企业绩效;网络拼凑积极影响新企业绩效;创业生态系统中的网络特性(关系异质性、关系多重性和关系变化性)通过促进网络拼凑提升新企业绩效;网络拼凑通过提升新企业潜在吸收能力和实际吸收能力改善新企业绩效。在研究命题的基础上,本书构建创业生态系统中网络特性、网络拼凑、吸收能力与新企业绩效间的理论模型。

根据社会网络理论,不同的网络特性对网络行为的效率和效果产生重要影响,从而引发不同的创业结果(Aldrich and Reese,1993;Johannisson et al.,1994;Hoang and Antoncic,2003;Rodan and Galunic,2004)。创业生态系统的网络特性涉及关系异质性、关系多重性和关系变化性。新企业嵌入的异质性关系、多重性关系和变化性关系能够帮助其整合互补性资源、改善绩效。其中,关系异质性能够帮助新企业整合不同主体的资源,进而提升新企业绩效;关系多重性能够加强成员的资源交换,改善新企业绩效;关系变化性能够帮助新企业根据环境变动适时作出调整,提高新企业绩效。

基于社会认同理论,组织认同能够促使组织的价值观、规范以及态度达成一致,进而驱动组织行为。同时,组织依据行为规范、共同目标和价值逻辑等不断调整行为(Denhardt,1987;Katz and Kahn,1978)。新企业与创业生态系统中的其他主体对行为规则、价值逻辑和共同目标等的认同驱动网络拼凑行为的实施。关系异质性强调新企业与其他主体建立网络关系,能够为新企业的拼凑活动提供多个网络渠道、拼凑多种资源,进而促进网络拼凑的进行。关系多重性能够提升主体关系的稳定性,加强关系成员的信任,降低网络拼凑的成本,从而推动网络拼凑的实施。新企业通过调整关系范围和性质促进网络拼凑,一方面关系范围的扩大有利于拓宽网络拼凑渠道,促进新企业拼凑多种资源;另一方面一些关系性质的变化,如新企业关系由竞争关系变为合作关系有利于网络拼凑的进行。

已有的资源拼凑研究表明，新企业通过网络渠道拼凑外部资源以克服自身以及环境约束，从而成功开发创业机会提升绩效（Baker, Miner and Eesley, 2003; Baker, 2007）。创业生态系统中的新企业处于复杂的网络关系中，如何利用复杂的网络关系进行资源拼凑是解决资源瓶颈的关键之一。通过对本书的案例编码分析可以发现，创业生态系统中新企业的网络拼凑可以分为三种，根据对网络关系的加工程度由低到高，具体分为：利用现有网络进行资源拼凑，如A企业直接利用与投资机构的关系拼凑财务资源；重组现有网络进行资源拼凑，如B企业重组与清华大学研究院的直接关系以及与哈尔滨工业大学、哈尔滨工程大学等的间接关系，合作推出新产品（B1）；基于现有网络创造新的网络进行资源拼凑，如D企业在与现有孵化器关系的基础上，创造与投资机构和潜在客户等其他主体的新关系，从而拼凑财务资源和市场资源，扩大企业的市场份额。新企业根据不同类型的创业机会选择不同的网络拼凑方式。根据机会的发现观和创造观（Alvarez and Barney, 2007; Alvarez, Barney and Anderson, 2013），新企业通过捕捉外部技术、市场、制度等环境变革产生的信息来识别发现型机会，也通过与其他主体进行认知和资源等方面的互动质询和评估初始创意来形成创造型机会。不同类型的创业机会产生不同程度的资源需求，因此新企业可以利用现有网络、重组现有网络以及基于现有网络创造新的网络进行资源拼凑，开发单一主体或多主体的发现型机会和创造型机会。

知识基础观认为，知识资源是最具战略价值的资源之一（Conner and Prahalad, 1996; Grant, 1996），异质性的知识基础和能力是影响企业绩效的关键因素（Decarolis and Deeds, 1999; Eisenhardt and Santos, 2002）。根据案例分析可以发现，创业生态系统中新企业与其他主体进行网络拼凑，可以积极影响吸收能力，进而提高新企业绩效。一方面，新企业基于网络关系拼凑外部资源，促进主体间的交互作用，有助于提升新企业潜在吸收能力；新企业利用获得的新知识识别新的创业机会，基于对新知识的消化和理解促进新机会的评估和利用，进而提升绩效。另一方面，新企业在网络拼凑的过程中积累经验知识，通过企业内部讨论与相关利益主体进行讨论，通过知识转化将新知识与企业内部知识相融合并应用于新产品和服务，提升实际吸收能力，进一步开拓市场，改善新企业绩效。

基于案例分析和理论探讨，本部分进一步剖析创业生态系统中网络特性、网络拼凑以及吸收能力的维度，揭示创业生态系统的网络特性影响新企业绩效的内在机制，深化其关系并构建其关系的理论模型，为后文中研究假设的提出和实证分析奠定一定的理论和实践基础。该理论模型见图3.2。

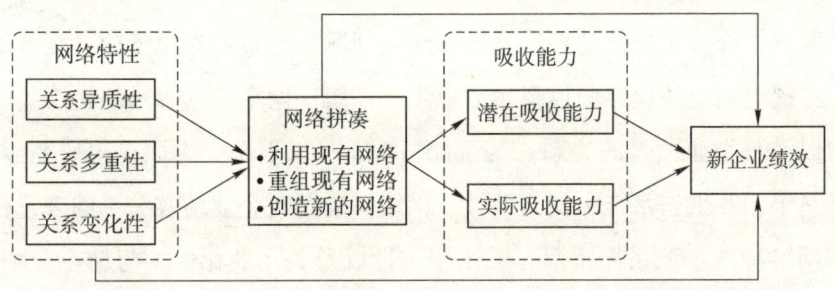

图3.2　创业生态系统的网络特性对新企业绩效的影响机制

资料来源：笔者设计得到。

3.5　本章小结

本章采用多案例研究的方法，结合社会网络理论、社会认同理论以及知识基础观的主导逻辑和创业生态系统中网络特性、网络拼凑、吸收能力以及新企业绩效的相关研究，选取北京中关村和深圳湾创业广场的4家企业进行半结构化访谈和二手资料收集。一方面，基于理论分析和案例研究提炼并验证创业生态系统网络特性、网络拼凑、吸收能力的理论内涵及维度；另一方面，基于案例编码得出创业生态系统网络特性、网络拼凑、吸收能力的关系，构建其与新企业绩效的理论模型，分析创业生态系统的网络特性对新企业绩效的影响机制，为后文研究假设的提出和实证检验提供理论基础和企业例证。

第4章　研究假设的提出

本章结合前文总结的理论基础和研究回顾，分析理论模型中各变量的关系，并提出相应的研究假设揭示创业生态系统中网络特性、网络拼凑、吸收能力以及新企业绩效的关系。基于此，本章从以下两个方面提出研究假设。一是基于创业生态系统中网络特性、网络拼凑及新企业绩效关系的理论模型提出网络特性（关系异质性、关系多重性以及关系变化性）与新企业绩效、网络拼凑与新企业绩效、网络特性（关系异质性、关系多重性以及关系变化性）与网络拼凑以及网络拼凑在网络特性（关系异质性、关系多重性以及关系变化性）与新企业绩效关系中介作用的相关研究假设。二是根据网络拼凑、吸收能力与新企业绩效关系模型，从吸收能力（潜在吸收能力和实际吸收能力）与新企业绩效、网络拼凑与吸收能力（潜在吸收能力和实际吸收能力）以及潜在吸收能力在网络拼凑与新企业绩效关系的中介作用等方面提出研究假设。

4.1 网络特性与新企业绩效：网络拼凑的中介作用

网络特性、网络拼凑与新企业绩效的关系框架图参见图4.1。

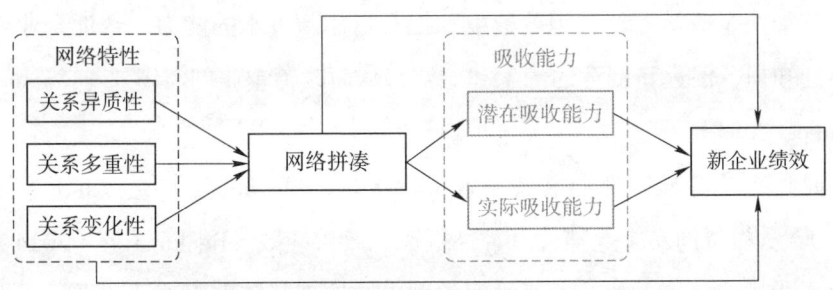

图 4.1　网络特性、网络拼凑与新企业绩效的关系

注：图中黑色部分为本部分主要研究内容，灰色部分非本部分主要研究内容。
资料来源：笔者设计得到。

4.1.1　关系异质性与新企业绩效

根据社会网络理论，异质的社会关系架起组织之间的桥梁，帮助组织获得外部环境中的多种资源，进而促进企业经营生产活动（Burt，1992）。关系异质性是指与不同背景的主体建立联系的程度（Beckman et al.，2014）。基于企业嵌入网络方式特殊性，网络关系的异质性是企业竞争能力差异的主要来源之一（McEvily and Zaheer，1999）。异质性关系能够带来知识和信息等丰富资源，企业对资源进行收集、组合以及管理，构建竞争优势的资源组合，帮助创业者寻求制度、市场和文化环境下可行的商业方案，从而推动企业的商业化进程（Patel and Terjesen，2011）。Fang、Francis和Hasan（2012）指出，社会网络的价值主要体现在关系的异质性方面。异质性关系为企业奠定更广泛的知识基础和提供丰富的信息库，能够促进问题解决方案的提出并帮助企业做出正确的决策。

已有研究表明，关系异质性能够为企业带来更多创新价值。社会心理学

(social psychology)理论认为，由不同心理特质和个人特征构成的团队具备更强的创造力（Amabile，1988；Barron and Harrington，1981），特别是对于高管团队而言，获得异质性社会关系是企业开发产品、实践、服务和流程等新创意的关键之一（Shalley and Perry-Smith，2008）。同时，组织间的异质性关系能够加快企业学习新知识的速度和提升运用新技术的能力，帮助企业获得异质性知识，促进新创意的产生和实施，从而改善企业创新绩效（Rodan and Galunic，2004）。

此外，关系异质性能够为企业提供更多的联盟机会（Beckman et al.，2014），从而帮助新企业整合互补性资源、改善绩效。Beckman等（2014）依据董事背景的差异，从行业、组织类型以及地理区域方面论证关系异质性对联盟组合的积极影响。他们认为，基于不同背景的董事关系异质性能够为企业提供与其他企业的合作机会，增加企业联盟组合的范围和多样性（Beckman et al.，2004；Gulati and Westphal，1999）。同时，来自不同行业、组织类型和地理区域的企业董事分享的异质性经验能够促进企业内部的讨论，帮助企业从外部竞争环境中获得更多建议，有助于企业提出新产品或服务的开发方案，促进企业进一步成长。

创业生态系统中的新企业能够与政府、大企业、高校和科研机构以及中介机构等主体建立异质性关系。根据创业生态系统中主体特征的差异，关系异质性可以划分为行业异质性、所有制异质性以及主体性质异质性等方面。来自不同行业的企业具有不同的行业经验（Beckman et al.，2014），可以帮助企业拓宽思维，促进问题解决方案的提出（Carpenter and Westphal，2001）。同时，多个行业企业间的互动能够促进其分享关键的市场信息并交换互补性资源，从而提升开发创业机会的能力（Engelberg，Reed and Ringgenberg，2012）。不同所有制类型的企业基于不同特点在与新企业的互动中发挥各自独特的作用。如汽车行业与电力企业合作研发生产电动汽车，互联网公司与家具、家电、汽车等传统行业企业实现跨界合作，共同推出新产品和服务等。其中，国有企业拥有坚实的初始资源禀赋，其关系网络能够给企业提供不同的资源整合渠道,满足企业多样化的资源需求;民营企业较灵活,可以通过快速调整组织结构和主营业务适应外部环境的变化,与新企业认知和信息交互过程中带动新企业的生存和发展。创业生态系统中既包括企业,也包括多种非企业性质的组织机构,如政府、投资机构、高校和科研机构以及中介机构等。异质性的组织机构能够为企业带来多样化的资源和专业化的创业服务支持,如政府出台优化企业发展的扶持政策,投资机构满足企业的资源需求,高校和科研机构以及中介机构提供多样化的创业支持服务等。主体之间的认知和资源互动能够满足新企业的创建和发展需求,帮助新企业克服创业初期遇到的障碍,从而有利于提升新企业绩效。基于以上分析,本书提出以下假设。

H1:关系异质性积极影响新企业绩效。

4.1.2 关系多重性与新企业绩效

关系多重性能够通过降低交易风险、加强主体间的互动、增加关系破裂成本提高加强经济交易的稳定性,从而提升企业绩效(Rogan, 2014)。关系多重性能够在增强主体关系的同时降低交易风险(Kenis and Knoke, 2002)。多重关系中,单个关系彼此支撑、相互依赖、共同承担风险(Ibarra, 1995; Shipilov, 2012)。在风险较高的情境下,多重性关系能够及时启动资源池以应对突发事件(Uzzi, 1997)。同时,关系多重性能够驱动风险行为,特别是当企业处于资源匮乏且竞争的环境中时(Uzzi, 1997)。例如,多重性关系成员向另一方潜在行动者发出创业环境宽松的信号,刺激创业活动的开展(Hoang and Antoncic, 2003)。创业生态系统中的多重关系能够促进新企业开展新的业务。例如,新企业与大学之间存在多重关系,大学向新企业输送人力资源和技术资源,为创业者或有创业意向的人开展创业教育与培训,促进创业活动的进一步开展;新企业能够帮助大学转化科研成果,提高学生的就业率,提供学生社会实践机会等,新企业和大学之间的多重互惠互利的关系能够促进新企业承担风险、开展新的创业活动、不断开发新产品和服务以适应外部环境的不断变化,从而获得可持续发展。多重关系能够通过促进合作伙伴间的信息共享和学习提高交易的稳定性(Beckman et al., 2004; Beckman and Haunschild, 2002; Gulati, Lavie and Madhavan, 2011)。多重关系成员的互动越频繁和深入,企业在不同类型的关系中越容易增进与合作伙伴的沟通和理解,有利于促进信息共享和知识转移的学习活动,使合作伙伴能够更详细地了解彼此的能力和特性(Dhanaraj and Parkhe, 2006),帮助彼此进行创业机会的开发,从而提升合作的稳定性并有利于新企业绩效的持续提升(Beckman and Haunschild, 2002)。此外,多重关系能够增加关系破裂的成本,降低成员退出的可能性,从而维持经济交易的持续进行(Brass, Butterfield and Skaggs, 1998)。多重关系相互支持和依赖(Shipilov, 2012),一种关系的破裂可能会引发整个关系的失衡。一般而言,关系的一方向另一方实施不道德的商业行为可能会导致关系的破裂,而关系多重性在一定程度上可以避免企业不道德行为的发生。创业生态系统内的新企业与其他主体存在竞合关系(Nambisan and Baron, 2013),企业之间存在竞争的同时亦存在业务合作,这在一定程度上对企业过度竞争行为起到一定的约束作用,有利于维持创业生态系统内部交易的稳定性和可持续性。

同时,关系多重性能够提升企业战略行为的灵活性(Shipilov et al., 2014)。当组织间的沟通渠道相对狭窄时,组织获得用于解决问题的知识就变得十分有限(Kenis and Knoke, 2002),而对于多重性关系来说,组织间的信息可以经由成员间的多重渠道进行传递。当企业与其他主体存在多重关系时,企业能够以不同身份获得全方位的信息(Shipilov, 2009; Shipilov et al., 2014),从不同角色视角思考如何帮助企业脱离困境。在创业生态系统中,新企业嵌入与其他主体间形成的多重网络,如竞合关系、供应和采购关系、引导和咨询关系等。企业在其中具有多重身份,如企业同时扮演供应商和客户的角色,作为供应商,企业能够获得与合作企业有关的声誉信息、市场需求以及资金储备等信息,当企业作为客户挑选供应商时,能够降低与合作企业的信息不对称，提升组织合作的效率，从而促进主体创业机会的开发。可见，在多重网络中，不同类型的网络关系发挥不同的功能和作用，企业可以在机会开发的过程中切换多种身份，选择合作伙伴并配置合理的资源，快速高效地解决企业面临的问题以提升企业战略行为的灵活性，从而帮助新企业绩效的改善。

此外，多重关系能够促成主体间可持续合作关系的建立（Kenis and Knoke，2002）。关系多重性使主体间有更多的机会认识和了解对方，增进彼此的信任和依赖程度（Ibarra，1995），促进组织合作的进一步达成并建立可持续的合作关系，如联盟合作关系（Kenis and Knoke，2002；Beckman et al.，2014）。同时，多重关系有利于新企业与其他主体通过沟通和交流搭建新的合作关系，基于主体互动作用共同开发创业机会，推出新产品和服务，有利于企业的动态发展和企业绩效的持续提高。创业生态系统中，在政府招商引资的驱动下，企业既是政府的供应商，又是政府的帮扶对象，企业与政府间形成的多重关系可以帮助企业搭建与投资机构、高校和科研机构以及中介机构等的新商业关系，促使主体间建立新的合作关系，为企业绩效的进一步提升奠定基础。

基于上述分析，本书提出以下假设。

H2：关系多重性积极影响新企业绩效。

4.1.3 关系变化性与新企业绩效

随着外部环境的动态变化，创业生态系统中的新企业将面临新机会和新挑战。原有的网络关系无法满足新机会必需的资源需求，难以帮助新企业应对外部环境的挑战，如竞争程度加剧、产品同质化严重等问题。关系变化性能够通过改变网络关系的范围和性质提升新企业绩效（Kerrick et al.，2014；Roundy，Bradshaw and Brockman，2018）。一方面，新企业网络关系范围发生变化可以提高新企业对外部环境的适应性，即新企业需要根据创业机会的需求明确资源的来源（Sirmon and Hitt，2003；Sirmon，Hitt and Ireland，2007）。当现有网络成员难以满足资源需求时，新企业需要寻找潜在的资源提供者，先于竞争对手搭建与新主体的网络关系整合互补性资源，快速高效地开发创业机会。在创业生态系统中，新企业可以与其他主体建立新的关系，扩大原有网络关系的范围，提高获得有价值的、稀缺的、难以模仿的和不可替代的异质性资源（Barney，1991），帮助企业克服资源瓶颈，提升市场竞争力，从而提高新企业的市场占有率。同时，新主体的加入能够激发创业生态系统中网络成员的热烈讨论，促进主体的认知互动（Bantel and Jackson，1989），网络成员间的认知、信息以及知识等的互动有助于提升网络成员的创造力，促进新创意的持续形成，有助于新企业推出差异化的产品或新服务，提升新产品或新服务的开发速度，从而在日益激烈的市场竞争中占据一定的份额。另一方面，新企业通过改变网络的性质加强网络关系的效用（Hennart，Kim and Zeng，1998；Jones，Hesterly and Borgatti，1997）。为适应全球经济一体化产生的变革，企业间的关系不仅局限于单一的合作关系、竞争关系或供应关系等，原来的竞争者在外部机会和挑战的共同驱动下谋求价值共创，从而实现利益共赢。因此，创业生态系统中网络成员的关系性质日趋复杂化和动态化，原有的竞争关系在新机会的驱动下很可能转变为竞合关系。如在北京中关村，百度和金山在云计算领域是竞争对手，但为应对全球化引发的挑战，百度云联合金山云、华为云等多家竞争对手建立全球CDN网络，帮助中国互联网平台走向全球。由此，百度和金山的网络关系性质发生了变化，二者由原来的竞争关系变为竞合关系，而这一变化的发生促进二者整合云计算领域的互补性资源、开拓全球市场，为企业的进一步发展提供保障。

然而，关系变化性会对创业生态系统中的新企业的生存和发展产生一定的危害。就关系范围的变化而言，多主体间通过认知和资源互动能够产生大量信息（Adner and Kapoor，2010；Li and Garnsey，2014），关系范围的逐渐扩大可能引发信息过量，出现信息冲突和模糊，导致新企业难以分辨信息的真伪，从而阻碍新企业对新机会的识别、评估和利用（Shane and

Venkataraman, 2000; Ardichvili, Cardozo and Ray, 2003）。同时，已有关系的破裂不利于新企业经营管理活动的稳定性（Wellman and Berkowitz, 1988）。当新企业形成稳固的供应关系和客户关系时，其中一个关系的破裂很可能导致其他网络关系的动荡，产生网络关系破裂的连锁反应。新企业由于新生劣势，经验不足且缺乏合法性，没有足够的资源储备（Stinchcombe, 1965; Navis and Glynn, 2010; Desa and Basu, 2013），难以及时补救网络关系变化导致的负面效应。在这种情境下，关系变化很可能造成新企业运营管理活动紊乱，甚至引发现金流的断裂，破坏新企业的收支平衡，导致新企业处于濒临破产的危险境地。

从关系性质的变化来看，随着网络关系持续时间的延长，主体间不断积累关系资本（relation-specific assets），如人力资本和组织间的制度化惯例等（institutionalized routines），这些关系资本是构建新企业竞争优势的基础之一（Dyer and Singh, 1998; Levinthal and Fichman, 1988）。因此，企业尝试改变主体间的网络关系性质时，会提高交易成本，阻碍价值创造，消极影响新企业绩效。此外，成员之间基于有效的网络关系治理和组织间的学习加强网络关系的持久度（persistence）和惯性（inertia）（Hannan and Freeman, 1984），可以对关系性质的变化产生一定的抵抗作用，形成组织内部不同利益或意识形态的群体竞争环境（Kim, Oh and Swaminathan, 2006），主体关系性质的变化会影响网络内部的治理机制，网络成员的权力结构和任务分配也会发生相应变化（Thomas and Autio, 2014），进而引发新企业内部的矛盾和冲突。特别是对于一些处于金字塔顶端的网络成员来说，他们会阻止内部网络治理的变化，变化后网络关系内部的矛盾和冲突不断产生，阻碍原本稳定的信息、知识以及其他资源的交换，新企业无法获得充足的资源进行机会开发，进而消极影响新企业绩效。

由此可见，关系变化性既能够帮助新企业适应动态的外部环境获得生存和成长，又可能导致信息过量和模糊以及内部治理机制的紊乱，从而阻碍创业机会的开发。基于上述分析，本书提出以下竞争性假设（competing hypotheses）。

H3a：关系变化性积极影响新企业绩效。

H3b：关系变化性消极影响新企业绩效。

4.1.4　网络拼凑与新企业绩效

处于新生困境的新企业在初创及早期成长阶段不断寻求生存的良方，首要目标是解决新企业的资源约束问题（Baker and Nelson，2005）。Penrose（1959）提出使用相似的物质资源和人力资源的企业基于不同的资源整合能力，向市场输出异质性的产品和服务。资源基础观进一步指出，异质性资源是企业可持续竞争优势的来源之一（Barney，1991）。资源拼凑理论在一定程度上弥补了企业成长理论和资源基础观的空白，对新企业异质性资源的整合过程做出解释，阐述创业者如何在资源贫乏的环境中从掌握的资源中创造异质性价值（Baker and Nelson，2005）。Baker和Nelson（2005）将人类学家列维—斯特劳斯提出的拼凑概念应用于创业领域，描绘创业者在资源贫乏的环境中重新组合以掌握资源要素，产生独特的产品和服务，达成新目标、应对挑战，实现企业生存和成长。

对新企业而言，企业内部的手头资源不足且价值较低，输出方案有待完善，往往难以满足其生产经营活动的需要（Senyard，Baker and Davidsson，2011）。在创业生态系统中，新企业通过与其他主体的交互作用促进网络关系的构建，凭借网络关系拼凑外部资源，促进新企业的生存和成长。创业生态系统中新企业的拼凑活动主要受网络关系的驱动，以先前的网络关系作为获取外部资源的主要渠道（Baker，Miner and Eesley，2003；Baker，2007）。网络拼凑通过整合多种外部资源，满足机会开发的资源需求，有利于新企业的生存和成长。结合资源拼凑的即刻行动（making do）、不屈从于限制（refusal to enact limitations）和即兴而为（improvisation）3个核心特征（Di Domenico，Haugh and Tracey，2010；Baker and Nelson，2005），网络拼凑对新企业绩效存在以下3种影响机制。

第一，新企业利用现有网络进行资源拼凑，进而积极影响新企业绩效。新企业的即刻行动是借助现有网络关系拼凑创业生态系统中其他主体的专业性和互补性资源（Thomas and Autio，2014），以新颖的方式对手头资源进行重组，开发资源的新用途，形成异质性资源完成计划范围外的新目标，创造能够满足市场需求的新产品和服务，从而帮助新企业解决新生劣势问题并开发创业机会（Di Domenico，Haugh and Tracey，2010；Baker and Nelson，2005）。同时，通过网络拼凑获得的资源是以低成本获得的企业外部资源，包括廉价的，甚至免费的和被价值低估的冗余资源（Phillips and Tracey，2007）。新企业识别并挖掘其他主体闲置资源的潜在价值，再进行评估进而有效利用这些资源，投入的成本往往低于资源搜寻的成本（Baker and Aldrich，2000；Baker，Miner and Eesley，2003；Stenholm and Renko，2016），而不是盲目追求利润的最大化（Steffens，Senyard and Baker，2009），低成本能够帮助企业渡过创业初期的难关，有助于新企业的生存和成长。

第二，新企业重组现有网络进行资源拼凑以提升新企业绩效。网络拼凑从建构主义的视角出发，不拘泥于对物质投入、实践、定义和标准的限制，而是不断尝试新的解决方案，观察并处理结果（Baker and Nelson，2005）。新企业通过重新组合现有网络关系，挖掘所需资源的潜在来源以及外部资源的全新用途，检验已被接受的资源环境限制，有助于新企业相对轻松且快速地克服资源劣势。拼凑后的资源组合具有异质性，难以被其他企业复制（Steffens，Senyard and Baker，2009），这在一定程度上可以帮助企业形成资源优势。新企业面临资源困境时，重组现有网络拒绝实施限制，努力测试或抵消制度环境和现有资源环境的限制（Di Domenico，Haugh and Tracey，2010），从而帮助新企业克服其在创建初期的环境阻碍以提升绩效。

第三，新企业基于现有网络创造新的网络进行资源拼凑。即兴创作是网络拼凑的关键特征之一，它是指新企业通过采用符合标准的工作方式和创造性思维抵消环境限制（Miner，Bassof and Moorman，2001；Di Domenico，Haugh and Tracey，2010）。网络拼凑的效果能够在即兴创作的过程中被激发出来（Baker and Nelson，2005）。随着机会开发所产生的资源需求的逐渐增多，新企业利用现有网络关系拼凑资源或重组现有网络进行资源拼凑已无法满足不同机会开发的资源需求，需要新企业借助现有网络即兴而为，创造新的网络进行资源拼凑。拼凑者评估、替换、分类和设计现有资源并将资源应用于新的目标，这个过程也具有即兴特征，而非事先设计（Steffens，Senyard and Baker，2009）。通过即兴创作创造的新网络和资源组合能够成为新企业创新的主导驱动力，帮助新企业推出新产品并占据一定的市场份额（Stenholm and Renko，2016），进而有助于新企业绩效的提升。

基于此，创业生态系统能够为新企业的资源拼凑活动开辟多个网络渠道，新企业能够通过与政府、投资机构、高校和科研机构以及中介机构等主体的关系直接进行资源拼凑、重组现有网络进行资源拼凑以及创造新的网络进行资源拼凑，提高网络拼凑行为的效率；拼凑的资源类型呈现多样化，能够满足企业的长期发展需要，促进企业经济价值的创造。

综合以上分析，本书提出以下假设。

H4：网络拼凑积极影响新企业绩效。

4.1.5 关系异质性与网络拼凑

社会网络理论和社会认同理论认为，网络关系是企业获取资源的重要途径之一（Lin，1981；Granovetter，1985；Burt，1992；Hoang and Antoncic，2003），组织行为受群体价值观、规范和态度等的驱动影响（Tajfe et al.，1971；Denhardt，1987；Katz and Kahn，1978；Ashforth and Mael，1989）。在创业生态系统中，具有异质性关系的新企业与多个不同背景的主体存在网络关系（Gulati et al.，2010），这能够有效促进新企业利用现有网络、重组现有网络以及基于现有网络创造新的网络进行资源拼凑。

第一，关系异质性能够积极影响新企业利用现有网络进行资源拼凑。关系异质性能够帮助新企业连接不同的主体（Gulati et al.，2010），为新企业提供生存及成长过程中所需的多种资源（Beckman et al.，2014）。创业生态系统中的关系异质性能够为新企业的资源拼凑提供多种网络渠道，拓宽网络拼凑的范围并提升获得资源的丰富程度。新企业与大企业、政府、投资机构、高校和科研机构以及中介机构等主体建立的异质性关系能够提供多种资源，有利于新企业利用异质性的网络关系渠道拼凑互补性资源。如新企业通过建立与投资机构的网络关系拼凑财务资源，借助与高校和科研机构的网络关系拼凑人力资源和技术资源，基于与政府及大型企业间的网络关系拼凑市场资源，从中介服务机构拼凑信息资源等。

第二，关系异质性能够促进新企业重组现有网络进行资源拼凑。当新企业利用现有网络关系无法满足机会开发产生的资源需求时，需要对现有网络关系进行重组以拼凑互补性资源。创业生态系统中的新企业与其他主体的显性异质性关系为网络关系的重组提供基础保障。新企业可以从现有异质性关系中选择合适的网络关系进行重组以拼凑所需资源，进而与不同类型的机会开发相匹配。同时，创业生态系统的主体间存在基于不同方面、相互认同的隐性异质性，能够推动主体间的认知和信息等的交互作用，帮助新企业收集多样化的信息（Audia，Freeman and Reynolds，2006）。新企业重新配置多种来源的信息并组合形成可行的商业模式（Patel and Terjesen，2011），促进新创意的产生，一方面有助于新企业对现有网络关系进行加工和重组，另一方面有助于促进创新性资源组合方案的提出。具体而言，创业生态系统中的新企业基于同企业、政府、投资机构、高校和科研机构以及中介机构等主体在行为规范、共同目标以及价值逻辑等认同的隐性异质性的基础上进行认知互动、信息交换以及知识共享等交互活动（Edewor et al.，2014），有利于产生多种网络关系的加工方案，帮助新企业有效地重组现有网络关系以满足机会开发所产生的资源需求。同时，网络拼凑是基于已有关系获得资源以开发新的创业机会和应对新挑战的行为（Baker，Miner and Eesley，2003），需要新企业不断提出重新组合资源的创新方案，开发资源的潜在价值，尽量摆脱外部资源环境的制约（Baker and Nelson，2005）。创业生态系统中主体间的交互过程能够产生更多的创新思维，不断衍生新的拼凑创意以促进多种资源组合创新方案的产生，并对初始创意进行评估和完善，从而有利于创业机会的开发。基于此，创业生态系统的异质性关系能够促进新企业网络关系的加工和资源组合方案的修订及补充，进而推动重组现有网络进行资源拼凑。

第三，关系异质性有利于新企业基于现有网络创造新的网络进行资源拼凑。当利用现有网络和重组现有网络均无法满足新企业的资源需求时，新企业需要基于现有网络创造新的网络进行资源拼凑。新企业的异质性关系中包含多个具有不同显性特征的网络成员（Beckman et al., 2014），当现有网络关系无法为创业生态系统中的新企业提供所需资源时，网络成员能够帮助其搭建与其他主体新的网络关系，这有助于新企业基于现有关系创造新关系进行资源拼凑。如在创业生态系统中，政府鼓励和支持成员间的沟通和交流，新企业基于政府关系创造与投资机构、高校和科研机构以及中介机构等主体的新关系。此外，网络伙伴能够影响企业的多种行为实践，多主体间的隐性异质性有利于组织间的技能传递和信息合成（synthese）（Beckman and Haunschild, 2002），帮助新企业寻找适合的资源来源，在现有网络成员的帮助下搭建与其他主体的新关系以拼凑机会开发所需的资源。隐性异质性关系同样能够通过促进主体间认知、信息等方面的互动作用推动多样化资源拼凑方案的产生，有利于新企业克服资源约束以应对外部环境的挑战进而进行新机会的开发（Baker and Nelson, 2005）。

基于上述分析，本书提出如下假设。

H5：关系异质性积极影响网络拼凑。

基于前文的论述，关系异质性积极影响新企业绩效（H1），网络拼凑积极影响新企业绩效（H4），关系异质性积极影响网络拼凑（H5）。可见，关系异质性在促进新企业绩效提升的过程中，离不开网络拼凑的中介作用。因此，本书提出以下假设。

H6：网络拼凑在关系异质性与新企业绩效间具有中介作用。

4.1.6 关系多重性与网络拼凑

创业生态系统中的主体之间基于多种内容交换形成多重关系（Shipilov，2012；Thomas and Autio，2014），关系成员在不同类型的关系中扮演不同的角色以匹配相应的机会开发（Shipilov et al.，2014），从而推动新企业基于网络关系的程度差异进行资源拼凑。

第一，关系多重性有利于新企业利用现有网络进行资源拼凑。新企业可以利用现有的多重关系拼凑多种类型的资源（Hoang and Antoncic，2003），包括显性资源，如人力资源、财务资源和技术资源等，以及隐性资源如信息、建议、情感支持以及合法性等（Zimmer and Aldrich，1987；Brüderl and Preisendörfer，1998）。处于创业生态系统中的新企业同其他企业或非企业性质机构形成的多重关系能够帮助新企业拼凑多种资源，新企业创造性地组合基于网络渠道拼凑的多种资源以应对组织内部的调整以及外部环境的变动。同时，Granovetter（1973）提出，从某种程度上讲，关系多重性指的是成员间的强关系，这种强关系能够降低关系搭建及维护的时间和人力成本，提高新企业网络拼凑的效率。新企业基于多种资源和认知互动与生态系统中其他主体搭建的多重关系较单一的关系具有更高的强度，有利于企业借助现有网络关系拼凑外部资源。

第二，关系多重性能够促进新企业重组现有网络进行资源拼凑。已有研究发现，关系多重性能够提高组织的退出成本，强化组织间的资本承诺（Aguilera and Jackson，2003），如企业可以通过交叉持股创造"共同人质"（mutual hostages），使集团内部的承诺持续生效，从而削弱外部环境的影响（Lincoln，Gerlach and Takahashi，1992）。董事会成员密集的连锁关系能够增加彼此的合作意向并实现共同的战略目标（Aguilera and Jackson，2003）。同时，多重性关系较单一的关系具有更强的稳定性（Rogan，2014；Shipilov et al.，2014），从而抵御关系的破裂（Kenis and Knoke，2002），稳固的多重关系能够长期促进新企业对现有网络进行合理编排重组以拼凑机会开发所需要的互补资源。创业生态系统情境下，随着新企业机会开发所产生的资源需求的逐渐增多，网络拼凑的难度逐渐加大。创业生态系统中的主体对企业间多重关系的积极感知能够促进后续有利的资源交换（Hoang and Antoncic，2003），降低关系重组风险，促进新企业以较低成本拼凑外部资源，有助于新企业重组现有网络进行资源拼凑。

第三，关系多重性有助于新企业基于现有网络创造新的网络进行资源拼凑。多重关系的双方能够传递更多的信息，建立牢固的信任、依赖以及责任感（Beckman et al.，2014），促进主体间更密切和频繁的互动活动（Dahlstrom and Ingram，2003），从而主体间共同商讨如何更有效地利用现有网络关系创造新的网络进行资源拼凑。相比之下，组织之间的单一关系由于缺乏能够促进主体重新建立联系的剩余关系更容易产生破裂（Kenis and Knoke，2002）。创业生态系统中的新企业与多重关系成员间基于信任和依赖不断进行信息、技术、知识等资源互动，促进合作伙伴更深入地了解和关注企业，有助于其后续关系的建立（Gulati and Westphal，1999），增加未来合作的可能性。这样的合作可以进一步拓宽组织间的沟通渠道（Kenis and Knoke，2002），帮助企业进一步搭建与其他主体的关系，促进关系的不断叠加和更新，有利于企业利用新关系进一步拼凑所需资源。因此，关系多重性通过促进主体间的互动推动新企业基于现有多重关系创造新的网络进行资源拼凑。

综合以上分析，本书提出以下假设。

H7：关系多重性积极影响网络拼凑。

基于前文的分析，关系多重性积极影响新企业绩效（H2），网络拼凑积极影响新企业绩效（H4），关系多重性积极影响网络拼凑（H7）。由此可见，关系多重性对新企业绩效的影响可以通过促进网络拼凑行为加以实现。因此，本书提出如下假设。

H8：网络拼凑在关系多重性与新企业绩效间具有中介作用。

4.1.7 关系变化性与网络拼凑

新企业在机会开发的过程中，组织如果对提供所需资源的合作伙伴不满意,他们会尝试更换合作伙伴以便从新的合作伙伴那里获得满意的资源(Kim, Oh and Swaminathan, 2006)。关系变化性能够提升新企业利用现有网络、重组现有网络以及基于现有网络创造新网络拼凑行为的灵活性,进而满足不同类型创业机会开发所产生的资源需求。

对于创业生态系统中单一主体(新企业)的发现型机会的开发,新企业捕捉外部环境的变动信息,识别新的创业机会,利用现有网络关系拼凑外部资源以满足机会评估和机会利用过程中所需的资源。关系变化性能够通过改变现有网络关系范围和性质帮助新企业灵活应对资源需求变化,利用变化后的网络关系拼凑所需资源以成功开发创业机会。新企业可以与新主体建立关系扩大网络关系范围,或在原有网络关系的基础上搭建新关系改变网络关系的性质,从而积累网络资源,帮助新企业扩充网络资源库,有助于新企业利用现有网络进行资源拼凑,并通过创造性地组合现有资源成功开发创业机会。就多主体互动的发现型机会开发而言,创业生态系统中新企业与其他利益相关主体共同通过信息和资源互动拼凑资源,推动机会的识别、评估和利用(Shane and Venkataraman, 2000; Ardichvili, Cardozo and Ray, 2003; Wood and McKinley, 2010)。然而,仅依靠现有网络渠道难以满足多主体发现型机会开发所产生的资源需求,新企业需要重组与其他主体的网络关系拼凑的间接资源,构建技术、市场等资源池和知识池(Spigel, 2015),从而与其他主体共同开发创业机会。在这一过程中,网络关系发生的变化有助于新企业依据创业机会产生的资源需求重组现有网络关系拼凑资源,进而提升网络拼凑行为的灵活性。如小米搭建与政府、大学、互联网金融机构、投资孵化企业的新关系扩大关系范围,重组新旧网络关系拼凑技术资源、财务资源和市场资源等,实现以手机为核心连接多种智能设备,共同打造跨界运营的物联网生态链。此外,创业生态系统中,多主体互动的创造型机会开发是指,新企业通过对外部环境的理解产生初始创意,然后与政府、投资机构、高校和科研机构以及中介机构等其他利益相关者进行信息和认知互动再反复质询和评估创意,最终达成共识的过程(Alvarez and Barney, 2007; Alvarez, Barney and Anderson, 2013）。创造型机会对资源要求较高,利用或重组现有网络关系无法满足创业机会开发产生的资源要求,需要企业基于现有网络创造新的网络进行资源拼凑。一方面,新企业改变原有网络范围,通过与多个主体的互动建立复杂的网络关系扩大拼凑资源的种类,有利于新企业基于现有网络创造新的网络进行资源拼凑;另一方面,新的网络关系改变原有网络关系的性质,主体间的关系不是以单一的关系存在,而是由复杂的异质关系和多重关系组成的有机集合,能够帮助新企业基于现有的网络关系创造新的关系拼凑不同主体的异质资源,推动多主体的机会共创。

然而,关系变化性会抑制网络拼凑的进程。关系范围的变化会阻碍网络拼凑平稳持续地进行。创业生态系统主体间稳定的网络关系有助于主体长期合作的达成以及网络拼凑的可持续进行。而主体间的关系变化会打破成员间长期形成的关系惯例,如成员间的技术规范及嵌入式文化等（Kim, Oh and Swaminathan, 2006）,新的关系成员不了解已有技术规范（rules）,难以在短时间内融入新的文化氛围,进而阻碍网络拼凑的进行（Leonardi, 2013）。同时,主体成员的变化可能会引发网络内部治理的紊乱（Kim, Oh and Swaminathan, 2006）。原有网络成员的退出或新成员的加入可能会打破原有的网络格局,引发网络成员产生内部矛盾和冲突,造成网络成员的流失,进而导致新企业无法及时找到合适的合作伙伴拼凑互补性资源推动创业机会的开发,阻碍网络拼凑的进行。此外,关系性质的变化会增加网络拼凑的成本并降低网络拼凑的效率。创业生态系统的原有网络成员如果不变,但网络成员的位置发生变化可能会引发生态系统网络结构的改变,主体间的网络性质也会相应发生变化（Roundy, Bradshaw and Brockman, 2018）。例如,当原来的行业领先者（leader）无法适应外部环境的动态变化而逐渐由网络中心走向网络边缘,甚至成为行业的追随者（follower）时,新企业必须重新配置与各网络成员的关系,增加关系维护的时间、人力、资金等成本,从而延迟利用现有网络关系、重组现有网络关系以及基于现有网络关系进行不同网络拼凑行为的进程,可能会错过宝贵的机会窗口期。因此,网络关系变化性会对新企业的不同网络拼凑行为产生消极影响。

基于此，关系变化性一方面能够促进利用现有网络、重组现有网络以及基于现有网络创造新的网络拼凑行为；另一方面关系变化性可能会打破关系惯例、引发网络内部矛盾以及降低网络拼凑效率，阻碍不同网络拼凑行为的进程。综上所述，本书提出以下两个竞争性假设。

H9a：关系变化性积极影响网络拼凑。

H9b：关系变化性消极影响网络拼凑。

基于本书前面的分析，关系变化性积极影响新企业绩效（H3a），网络拼凑积极影响新企业绩效（H4），关系变化性积极影响网络拼凑（H9a），由此可见，网络拼凑在关系变化性与新企业绩效间具有中介传导作用，因此本书提出以下假设。

H10：网络拼凑在关系变化性与新企业绩效间具有中介作用。

4.2 网络拼凑与新企业绩效：吸收能力的中介作用

网络拼凑、吸收能力与新企业绩效关系见图4.2。

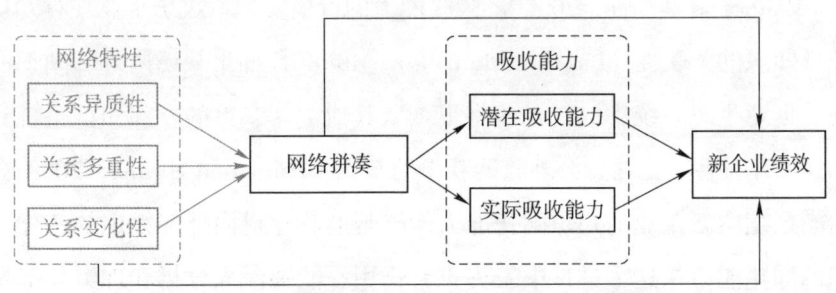

图 4.2 网络拼凑、吸收能力与新企业绩效的关系

注：1.图中黑色部分为本部分主要内容，灰色部分非本部分主要内容。

2.网络拼凑与新企业绩效的关系已在前文论述过，本部分不再赘述。

资料来源：笔者根据编码结果整理得到。

4.2.1 潜在吸收能力与新企业绩效

知识基础观认为，企业通过对知识的有效管理创造价值（Kogut and Zander, 1992；Grant, 1996）。在创业生态系统情境下，新企业通过获取和同化新知识提升潜在吸收能力，从而帮助新企业克服创建初期的新生劣势，解决经营早期遇到的成长难题，有利于新企业绩效的持续提升。

潜在吸收能力包括知识获取能力和知识同化能力（Zahra and George, 2002）。其中，知识获取能力指的是企业识别和获取外部知识的能力（Zahra and George, 2002），是新产品开发的重要环节（Zander and Kogut, 1995），其能够改善企业财务绩效（Zahra, Ireland and Hitt, 2000）。创业生态系统中的新企业通过与政府、投资机构、高校和科研机构以及中介机构等进行信息和认知互动补充外部知识，反思并试图改革基于现有知识的组织活动。例如，如何开发独特性的产品，企业的核心技术是什么以及如何有效管理员工并激发他们的创造力等，企业需要通过调整已确立的行为规范提高识别和创造新知识的能力，拓宽企业解决问题的范围提升问题解决的能力（Kostopoulos et al., 2011；Smith, Collins and Clark, 2005；Subramaniam and Youndt, 2005；Wu and Shanley, 2009），从而助力新企业的生存和成长。知识同化能力是指企业分析、处理、解释和理解从外部获取知识的能力（Kim, 1997；Szulanski, 1996；Zahra and George, 2002）。吸收能力的价值实现取决于企业现有知识库与外部知识的关联性（Lane and Lubatkin, 1998），如果缺乏内外部知识的关联性，创业生态系统中的新企业将很难从其他主体获得的外部知识整合到现有的知识库，特别是通过海外收购获得的知识（Zahra and Hayton, 2008）。创业生态系统中新企业的知识同化能力能够帮助其建搭内外部知识的桥梁，新知识的同化能力在这个过程中发挥重要作用，能够深入分析和理解外部技术和市场相关知识的新企业通过解读和学习外部知识产生新创意、开发新产品（Zahra and George, 2002），从而促进新企业绩效的持续提升。

潜在吸收能力能够提高新企业创业行为的灵活性，有助于新企业提升绩效。潜在吸收能力较高的组织较潜在吸收能力较低的组织具有更强的灵活性（Zahra and George，2002）。具有高潜在吸收能力的新企业具有先动优势（first mover advantages），能够快速响应客户需求，避免锁定效应（lock-out effects）和能力陷阱（Ahuja and Lampert，2001；Kostopoulos et al.，2011），从而加快新企业绩效提升的速度。在创业生态系统中，具有良好潜在吸收能力的新企业能够通过与政府、大企业、投资机构、大学及科研机构等的联系快速捕捉有价值的信息识别新机会，从而灵活应对外部环境的变化提升新企业绩效。

潜在吸收能力能够通过降低新企业运营成本提高新企业利润。吸收能力是依托组织惯例而存在的（Kim，1997；Szulanski，1996）。随着生态系统内主体间认知、信息和知识等的互动作用，新企业不断积累经验，能够有效地规范并完善组织惯例，提高组织运营效率。潜在吸收能力能够降低新企业改变资源状况和运营程序的沉没投资（sunk investment），相应成本也随新知识以及与新知识和技能相关的先前经验的积累而降低（Teece，Pisano and Shuen，1997；Zander and Kogut，1995；Zahra and George，2002），从而有助于新企业提升绩效。

潜在吸收能力能够提升新企业对外部环境的适应性（organizational adaptability）（Cohen and Levinthal，1990；Daghfous，2004）。潜在吸收能力在企业与外部环境的交界处发挥作用（Fosfuri and Tribó，2008），提升企业在动态环境中适应和演化的灵活性（Zahra and George，2002；George et al.，2001）。潜在吸收能力有助于新企业快速识别外部环境的变化并对外部环境变化产生的信息和知识进行消化和理解，进而推动企业内部改革（Kostopoulos et al.，2011）。创业生态系统中，潜在吸收能力较高的新企业能够与其他主体进行互动以追踪外部环境的变革（Zahra and George，2002），识别和理解外部环境中的技术进步（Van den Bosch et al.，1999），比较企业内外部的技术水平并学习外部环境中的先进知识，获取和同化外部知识和相关技能，通过对新知识和技能的合理配置，促进多主体共同开发新的创业机会，创造新产品和服务以满足新兴市场的需求（Chen and Huang，2009；Jansen et al.，2006；Lichtenthaler，2009；Kostopoulos et al.，2011），进而帮助企业获得最优绩效。

基于以上分析，本书提出以下假设。

H11：潜在吸收能力积极影响新企业绩效。

4.2.2 实际吸收能力与新企业绩效

实际吸收能力的内涵更接近Cohen和Levinthal（1990）对经典的吸收能力界定，具体是指企业识别外部新信息的价值、同化新信息并应用于商业化的能力。实际吸收能力反映的是企业转化并利用知识的综合能力（Zahra and George，2002）。已有研究从组织学习的视角探讨实际吸收能力与企业绩效的关系。Zahra和Hayton（2008）强调，新企业通过提升学习的新技能及相关能力提升企业创新、风险承担能力以及挖掘新收入来源等。学习是企业获取并应用知识的一个缓慢过程（Huber，1991），通过挑战和改变企业对行业内竞争的看法，企业可以收获新创意、系统、流程以及产品（Henderson and Cockburn，1994），并在很大程度上提升企业的盈利和成长能力。实际吸收能力能够积极促进企业产生创新成果并推动企业竞争优势的构建（Kotabe，Jiang and Murray，2011）。在创业生态系统情境下，新企业通过调整并适应同其他主体互动所获取的外部知识与自身的内部知识相结合完成知识的内化，将内外部知识组合转化为竞争优势（Fosfuri and Tribó，2008）。

根据Zahra和George（2002）对吸收能力维度的划分，实际吸收能力包括企业对知识的转化能力和对知识利用的能力。知识转化意味着企业开发和完善惯例的能力，是促进新知识与现有知识相融合的过程。知识转化通过增加或删减知识或以不同方式解释相同的知识等方法实现（Zahra and George，2002）。创业生态系统中新企业的知识转化能力能够体现为企业从外部环境识别信息整合形成一种新模式的能力，这种能力从人脑的联想（bisociation）出发，逐渐转化为创业思维（entrepreneurial mindset），有助于创业者获得新的初始创意，经过生态系统内多主体的互动形成创业机会，改变组织看待自我以及外部环境竞争格局的方式（Smith and DeGregorio，2002），进而促进企业对创业机会的进一步评估和利用。基于此，知识转化能力能够推动新企业利用新知识并重新定义行业和竞争战略活动，是组织变革和战略变革的关键（Zahra and George，2002）。此外，知识转化能力能够帮助企业将获得的知识转移到企业内部的不同组织单元（Tsai，2001），知识在企业内部不同的单元间流动，这样一个组织单元的创意和信息可以成为其他单元的创新投入（Hargadon and Sutton，1997），有助于新企业创新活动的开展和绩效的提升（Kostopoulos et al.，2011）。知识利用能力被界定为基于组织惯例精练、扩展并利用现有能力或者通过将转化的新知识整合到运营活动中的能力（Zahra and George，2002）。一方面，知识利用通过完善知识的组织惯例完善生态系统中新企业现有行动以及对未来的规划，这种惯例的存在为企业提供结构性、系统性和程序性机制，使企业能够在较长时间内持续利用知识（Kim，1997；Szulanski，1996）；另一方面，利用从生态系统其他主体，如竞争对手、客户等处获得的知识提升能力，帮助企业将知识转化为新产品（Kogut and Zander，1996），从而改善新企业绩效。

实际吸收能力通过整合已有知识和新知识产生新的见解和创意，帮助新企业在一定时间范围内完成创新任务进而提升绩效（Zahra and George，2002；Kotabe，Jiang and Murray，2011；Tsai，2001）。实际吸收能力帮助生态系统中的新企业将获得的新知识内化为自有知识并应用于商业化活动（Cohen and Levinthal，1990；Zahra and George，2002）。在创业生态系统中，拥有较高实际吸收能力的新企业能够整合和运用知识，促进产品线的扩展以及新产品的开发（Kazanjian，Drazin and Glynn，2017），构建竞争优势的可能性更大（Barney，1991）。也就是说，实际吸收能力能够通过产品和流程创新积极影响企业绩效（Zahra and George，2002）。实际吸收能力能够通过改善企业内部的战略决策提升新企业绩效（Kostopoulo et al.，2011；Chaudhary and Batra，2018）。生态系统中主体的互动作用能够助力新企业的实际吸收能力发挥作用，帮助企业内化外部知识并将现有知识组合应用于企业的机会开发（Fosfuri and Tribó，2008）。在创业生态系统中，新企业通过与政府、投资机构、高校和科研机构、中介机构等主体的信息和知识等的互动作用促进知识转化和应用方案的产出，有利于新企业将外部知识与内部知识有效地融合，将外部新知识转化为自有知识共同投入企业的机会评估和利用过程，帮助企业改善战略决策以及时做出战略调整、提高行动效率，从而有利于企业改善绩效。此外，外部知识能否在企业内部发挥效用取决于企业的实际吸收能力的强弱（Fosfuri and Tribó，2008）。Rhee（2008）提出，实际吸收能力能够帮助新企业处理复杂的信息并运用新知识，有利于降低新企业在开拓国际市场过程中的风险，提升新企业的国际化绩效。创业生态系统中的新企业基于实际吸收能力发挥知识的作用以促进机会的开发。实际吸收能力是潜在吸收能力的承接和延续，通过实际吸收能力，企业能够将获得和同化的知识，经过转化开发新产品、系统、流程或组织形式等（Zahra and George，2002）。潜在吸收能力虽然是识别和筛选外部知识，并整合到企业内部的必要条件，但只有新企业同时具备潜在吸收能力和实际吸收能力时，企业的竞争优势才会逐渐显现。因此，实际吸收能力在企业生存及成长过程中发挥着不可或缺的作用。综合以上分析，本书提出以下假设。

H12：实际吸收能力积极影响新企业绩效。

4.2.3 网络拼凑与潜在吸收能力

网络拼凑帮助新企业解决知识基础薄弱和经验不足等新生劣势，推动新企业在运营过程中逐渐获得合法性。在这一过程中，创业生态系统中的新企业利用现有网络、重组现有网络以及基于现有网络创造新的网络拼凑外部互补性资源。随着多主体间认知、信息和知识等交互作用的进行，新企业不断积累和消化新知识和经验，促进知识的获取和同化活动，进而提升新企业的潜在吸收能力。

新企业能够利用现有网络进行资源拼凑加强主体互动作用，进而提升新企业的知识获取和同化能力。新企业由于缺乏信用记录、合法性和知识基础而通常存活率较低（Stinchcombe，1965；Navis and Glynn，2010；Wiklund，

Baker and Shepherd, 2010)。网络拼凑通过对现有的网络关系拼凑价格低廉、甚至免费或被低估应用价值的资源(Baker, Miner and Eesley, 2003),能够节约经营成本,有助于新企业实现从无到有的转变(Baker and Nelson, 2005)。新企业利用现有网络进行资源拼凑整合互补性资源,搭建新企业与创业生态系统中其他主体间沟通的桥梁,提高彼此的亲密度和容忍度(Senyard, 2014)。主体间的资源交换促进企业的认知互动和信息流动,加强企业与其他成员的信任并逐渐建立有效的沟通机制(Senyard, 2014),推动创业生态系统中关系成员的学习和交流等互动活动,帮助新企业获取外部新知识并对获取的知识进行消化吸收,提升知识的同化能力。因此,新企业可以利用现有网络进行资源拼凑,促进新企业通过与创业生态系统中其他主体的互动获取和同化新知识,进而提升潜在吸收能力。

新企业能够通过重组现有网络进行资源拼凑发挥创造性思维,提升潜在吸收能力。网络拼凑运用创造性思维不断开发现有网络和资源的新用途,反复重组网络关系及拼凑而来的资源,应对外部环境中的机会和挑战(Baker and Nelson, 2005)。采用网络拼凑的新企业具有行动导向(Baker and Nelson, 2005; Senyard, Baker and Nelson, 2009; Fisher, 2012),而不是在新机会面前犹豫不决。在面对外部环境的动态变化时,新企业重组现有网络关系进行资源拼凑挖掘解决问题的方案,加快新企业的反应速度,推动新企业快速识别并捕捉外部环境与生态系统中其他主体的互动机会,从而提升新企业获取外部知识的能力。同时,网络拼凑采用实验的方法逐渐消化、理解知识和经验,是实践知识的一种体现形式(Steffens, Senyard and Baker, 2009)。通过重组网络关系进行资源拼凑的新企业能够不断激发企业内部的创造性思维,并通过试验、修补、重组和控制现有资源创造新事物(Steffens, Senyard and Baker, 2009),从而适应市场机会和环境转变。基于此,重组现有网络进行资源拼凑能够通过激发企业活跃的创造性思维,推动新企业从外部环境中获得新知识,并理解新知识的内涵及外延,以促进新知识的消化吸收,从而提升新企业知识的潜在吸收能力。

新企业能够基于现有网络创造新网络进行资源拼凑以提升潜在吸收能力。网络拼凑不受环境限制的思维逻辑推动新企业不断思考新创意和新方案以改善新企业的运营情况（Baker and Nelson，2005；Di Domenico，Haugh and Tracey，2010）。创业生态系统中的新企业借助现有网络创造新的网络进行资源拼凑。新网络成员的加入或新关系的搭建进一步加强主体的资源和认知的互动作用，推动新知识的产生。新企业对外部多主体互动产生的经验和知识进行学习，思考解决问题的新方案，有利于知识的获取和同化，进而提升新企业的潜在吸收能力。同时，网络拼凑时常伴随着即兴创作（Baker，Miner and Eesley，2003），拼凑方案通常被描绘成由即兴引发的资源集，通过适应工作的标准程序、鼓励嵌入式的机构以及社群参与产生创造性的思维以克服外部环境的约束（Di Domenico，Haugh and Tracey，2010）。创业生态系统中的新企业通过即兴创作在现有网络的基础上创造新的网络进行资源拼凑，在此过程中，多主体共同参与感知、处理、消化并加深理解新知识以激发新灵感，有利于新企业对知识的获取和同化，从而不断提升新企业的潜在吸收能力。基于此，本书提出以下假设。

H13：网络拼凑积极影响潜在吸收能力。

结合前文的分析，网络拼凑积极影响新企业绩效（H4），潜在吸收能力积极影响新企业绩效（H11），网络拼凑积极影响潜在吸收能力（H13）。因此，潜在吸收能力在网络拼凑影响新企业绩效的过程中发挥中介作用。据此，本书提出以下假设。

H14：潜在吸收能力在网络拼凑与新企业绩效间具有中介作用。

4.2.4 网络拼凑与实际吸收能力

创业生态系统中新企业在创建初期采取不同的网络拼凑方式，突破外部环境的约束和资源禀赋的局限（Senyard，Baker and Nelson，2009）。新企业利用与创业生态系统中其他主体的现有网络进行资源拼凑、重组现有网络进行资源拼凑以及基于现有网络创造新的网络进行资源拼凑，有助于其将沉淀的信息和经验转化为企业长期有效的知识，并与企业现有知识良好地融合应用于新企业的商业化过程，从而提升知识的实际吸收能力。随着新企业网络拼凑活动的开展，创业生态系统内主体间认知、信息和知识等方面的互动作用能够推动外部知识的获取和同化以持续提升潜在吸收能力。然而，过度依赖网络拼凑所输出的应急式的解决方案可能会导致产品或服务质量低下，进而阻碍企业内部对知识的进一步转化和利用，并对实际吸收能力产生抑制作用。

新企业利用现有网络进行资源拼凑有助于实际吸收能力的提升。新企业在初创及成长阶段面临技术水平较低、市场占有率不足以及行业门槛较高等问题（Stinchcombe，1965；Navis and Glynn，2010；Wiklund，Baker and Shepherd，2010），利用现有网络进行资源拼凑是解决这些问题的有效途径（Senyard，Baker and Nelson，2009）。创业生态系统中的新企业能够利用与政府、投资机构、高校和科研机构以及中介机构等主体的网络关系拼凑多样化的外部资源，扩充企业资源储备更好地匹配机会开发需求。一方面，推动新企业产品或服务的创新过程，有助于新企业将新知识转化为自有知识并应用于机会开发，提升实际吸收能力，进而促进问题解决方案的输出。另一方面，主体通过现有网络关系进行的资源互动活动，促进认知和信息等的交互，有利于新企业加强外部知识的转化和利用，提升实际吸收能力，帮助新企业提出更有效的问题解决方案以克服企业新生劣势。

新企业能够通过重组现有网络进行资源拼凑加强实际吸收能力。创业生态系统中多主体互动产生的新知识经获取和同化后进入企业内部，新企业需要将新知识与已有知识进行匹配和融合以完成知识转化和利用。新知识的成功转化和利用依赖于创新方案的产出。创造性思维的发挥是资源拼凑思想的重要体现（Senyard，Baker and Nelson，2009），新企业运用开放的创造性思维将内部现有知识与外部新资源进行整合和编排以创造多种具有较强的创新性方案，从而达成更好的效果和目标（Baker and Nelson，2005）。新企业重组现有网络进行资源拼凑能够促进新知识创新方案的提出，从而促进实际吸收能力。同时，处于创业生态系统中的新企业重组对现有网络关系的资源拼凑能够推动新企业与政府、投资机构、高校和科研机构以及中介机构等其他主体的资源和认知等互动，能够帮助新企业修改和完善知识转化和利用方案，从而有利于新企业在不同情况下灵活选择不同的创新方案进行资源拼凑。基于此，新企业重组现有网络进行资源拼凑能够促进外部知识内化为自有知识并应用于新企业的商业化进程，进而提升实际吸收能力。

新企业基于现有网络创造新的网络有助于提升实际吸收能力。新企业通过对现有网络进行不同程度的加工促进不同类型创业机会的开发。拼凑所得资源能够及时满足创新活动中多样化的资源需求，促进企业开展活动，帮助新企业生存和发展（Sonenshein，2014）。在新企业借助现有网络创造新网络以促进机会开发的过程中离不开知识的持续投入。新企业能够借助现有网络创造与新主体的关系拼凑互补资源以满足发现型或创造型机会开发的需求（Alvarez and Barney，2013），新企业将新知识应用于新产品和服务的开发推动商业化进程，进而帮助新企业成功开发创业机会。在机会开发的过程中，新企业基于现有网络创造新的网络拼凑互补资源，带动新知识的转化和利用提升实际吸收能力，从而促进创新性较强的产品和服务的输出。

然而，过度依赖网络拼凑会在一定程度上阻碍实际吸收能力的提升。网络拼凑对现有网络进行不同程度的加工可以整合可获得的资源（available resource），而非精益求精地挑选所需资源。由于拼凑带来的资源输入无法达到创新活动的资源投入标准，拼凑的结果只能帮助新企业暂时应对问题而非消除问题（Senyard，Baker and Davidsson，2011；Baker，Miner and Eesley，2003；Miner，Bassoff and Moorman，2001）。因此，网络拼凑产生的是应急方案而非最佳解决方案，相关产品或服务无法达到客户对产品质量和性能的要求（Senyard，Baker and Nelson，2009），难以推进新知识的转化和利用，这在一定程度上阻碍实际吸收能力的提升。

利用现有网络、重组现有网络或基于现有网络创造新的网络进行资源拼凑能够帮助新企业生存，但过度依赖网络拼凑行为可能会导致企业成长停滞

（stalled growth），无法成功开发有潜力的创业机会（Sonenshein，2014），进而阻碍新企业的知识转化和利用。同时，长期采用网络拼凑会导致新企业失去成长的自主权（Tasavori，Kwong and Pruthi，2018），在这种情况下，新企业会维持现状（Perrini，Vurro and Costanzo，2010），但较低的成长意向会限制新企业对最佳资源组合的探寻，使其难以通过转化和利用新知识形成更优的产品和方案（Steffens，Senyard and Baker，2009），从而限制实际吸收能力的提升。因此，采用网络拼凑的新企业容易陷入仅能够为要求较低的客户提供产品和服务的困境中，容易错过向更高阶的市场及客户进军的成长机会（Senyard，Baker and Davidsson，2011），阻碍其通过转化和利用新知识以追求产品或服务的创新及性能的提升，从而对实际吸收能力产生消极作用。

利用现有网络、重组现有网络以及基于现有网络创造新的网络进行的拼凑活动可能导致企业推出不符合国家标准的产品和服务，甚至违反与产权维护和消费者保护相关的法律等，从而陷入非专业性操作的陷阱（Rönkkö，Peltonen and Arenius，2013），由此造成产品质量低、企业声誉受损以及超额的成本投入（Baker and Nelson，2005）。在这种情况下，新企业难以结合新知识开展创新和业务拓展活动，从而限制实际吸收能力的提升。综上，本书提出以下假设。

H15：网络拼凑与实际吸收能力存在倒"U"形曲线关系。

需要说明的是，本书提出网络拼凑与实际吸收能力存在倒"U"形曲线关系，未提实际吸收能力在网络拼凑与新企业绩效间的积极中介作用。

4.3 本章小结

本章在理论分析和案例研究的基础上提出相关研究假设。研究假设主要从两个方面提出。一方面，通过分析网络特性与新企业绩效的关系以及网络拼凑的中介作用，揭示网络特性对新企业绩效的影响机制，提出相关研究假设，即关系异质性积极影响新企业绩效（H1），关系多重性积极影响新企业绩效（H2），关系变化性积极影响新企业绩效（H3a），关系变化性消极影响新企业绩效（H3b），网络拼凑积极影响新企业绩效（H4），关系异质性积极影响网络拼凑（H5），网络拼凑在关系异质性与新企业绩效间具有中介作用（H6），关系多重性积极影响网络拼凑（H7），网络拼凑在关系多重性与新企业绩效间具有中介作用（H8），关系变化性积极影响网络拼凑（H9a），关系变化性消极影响网络拼凑（H9b），网络拼凑在关系变化性与新企业绩效间具有中介作用（H10）。另一方面，探讨网络拼凑与新企业绩效的关系以及吸收能力的中介作用，从而剖析网络拼凑影响新企业绩效的过程机制，即潜在吸收能力积极影响新企业绩效（H11），实际吸收能力积极影响新企业绩效（H12），网络拼凑积极影响潜在吸收能力（H13），潜在吸收能力在网络拼凑与新企业绩效间具有中介作用（H14），网络拼凑与实际吸收能力存在倒"U"形曲线关系（H15）。

第5章 实证研究设计

本章对实证研究过程及方法进行设计,为本书后续理论模型和研究假设的实证检验奠定基础。依据经典的研究范式,本章主要围绕问卷设计、数据收集与样本特征、变量测量、问卷的有效性检验以及同源方法偏差检验进行介绍。

5.1 问卷设计

问卷调查法是实证研究的主流方法之一,在学术及应用领域具有重要作用。调查法的原理是通过一套标准刺激(如问卷)施予一批具有代表性的受访者所得到的反映,据此推算和估计总体对某个特定问题的态度和行为反映(邱皓政,2013)。问卷调查的优势在于,研究人员一方面能够在短时间内收集大量且较严谨的数据,另一方面获得的数据容易量化,可操作性较强。基于此,本书采用问卷调查法对研究假设进行实证检验。

问卷是调查法的重要工具,主要分为结构型、半结构型和非结构型。结构型问卷较其他两种形式答案固定,更适合统计分析和量化处理,半结构型和非结构型问卷主要应用于研究内容尚不明确的探索性研究,因此本书采用结构型问卷进行大样本调查。问卷的合理性和有效性是数据质量的有力保障。结合邱皓政(2013)和陈晓萍、徐淑英和樊景立(2010)的观点,在设计问卷时，一般遵循以下4个原则。①题目长度精简，便于阅读，减少阅读者的负担；②题目通俗易懂，不超出答题者的理解能力；③题目能够客观有效地反映测量变量的内涵；④适当使用反向题项，减少答题者随意作答的情况。基于此，本书的问卷设计过程如下。

第一，梳理文献并确定测量变量。在问卷设计之前，梳理相关文献明确测量目的、内容及对象，厘清待测变量内涵及外延充分认识测量对象。

第二，查找和筛选量表。基于已有相关研究文献，查找测量变量量表，从中筛选引用率和认可度较高且与本书内容相匹配的经典成熟量表。

第三，外文量表的翻译与回译。研究小组成员对外文期刊的量表进行背对背翻译、比对和修改。为降低东西方语言文化差异造成的理解偏差，对翻译后的中文量表进行回译，与原始外文量表进行比对并进行多次修订。

第四，量表开发。对没有既成量表的变量自行编制量表，基于已有理论和研究文献，对测量变量进行操作化定义，结合案例分析探索变量维度并编写题库；与创业领域的专家以及研究小组成员进行多次讨论，反复修改题项，通过预调研进一步完善问卷内容；对问卷信度、效度进行检验。

第五，问卷设计。本书的问卷共分为三个部分。一是问卷标题，该部分主要对调研人员的身份和联系方式、调研目的以及调研内容进行简要介绍。特别说明问卷的保密性和科研用途，有助于被访者认真地填写问卷。二是被调研人员的基本信息，涉及被调研人员个人及所处企业的基本信息，便于日后回访和沟通。其中，个人信息包括被调研者的职位、受教育程度、性别以及联系方式等；企业信息涉及企业名称、注册时间、员工人数以及行业类型等。三是核心变量的测量题项，该部分为调研问卷的主体部分，主要包括网络特性、网络拼凑、吸收能力以及新企业绩效的测量题项。

第六，问卷预试。为检验测量题项的有效性和合理性，在正式调研前进行预调研，建立一个包含20份试验性问卷的小型数据样本。一方面，结合被访者填写问卷时的反馈意见对题项语言、长度及问卷结构做出修改，有利于后续被访者理解和填写问卷；另一方面，对从总体样本中随机抽取100份问卷的数据进行预处理以检测问卷的信度和效度，从而保证问卷的可靠性和有效性。

第七，调研前准备。在正式调研前，对问卷进行最后的排版、打印和装订。此外，对调研小组成员进行统一培训，加强对调研目的和问卷内容的了解，避免调研过程中产生误会和歧义。

5.2 数据收集与样本特征

5.2.1 数据收集

本书的调研时间为2019年3—8月，由于本书的研究情境为创业生态系统，因此调研范围选取国内具有代表性的创业生态系统——北京中关村和深圳湾创业广场。北京中关村的前身是"中关村电子一条街"，是中国首个国家级高新技术产业开发区、国家级自主创新示范区以及国家级人才特区，被誉为"中国硅谷"。目前，园区形成包括海淀园、昌平园、顺义园、大兴—亦庄园、房山园、通州园、东城园、西城园、朝阳园、丰台园、石景山园、门头沟园、平谷园、怀柔园、密云园、延庆园16个园区的"一区多园"发展格局。"北有中关村，南有深圳湾"，深圳湾创业广场是由深圳市投资控股有限公司创建的创新、创业、创客和创投"四创"联动的主题街区，是国家自主示范区，被称为"东方硅谷"，是创新、创业、创客聚集区。深圳湾创业广场由创业企业、投资机构、创业服务机构、大学及科研机构等主体构成，具备专业孵化、创业投融资、媒体资讯和创业培训等核心功能。目前，深圳湾创业广场已入驻多家国内外知名投资机构、创业服务机构、大型企业等。

本书以创业生态系统中的新企业为研究对象，已有研究对新企业的界定尚未形成统一。Zahra、Ireland和Hitt（2000）以及McDougall、Oviatt和Shrader

(2003)指出,成立时间在6年以内的企业为新企业。McDougall等(1994)、Li和Zhang(2007)提出,新企业成立8年后开始具备成熟企业的特征。Shepherd(1999)及Milanov和Fernhaber(2009)选择10年的时间跨度,提出一家企业由新企业转变为成熟企业是在10年内完成的。由于本书研究创业生态系统的网络特性对新企业绩效的影响机制,需要新企业具备一定的网络关系基础,同时揭示新企业采用资源拼凑行为提升知识吸收能力进而改善绩效的过程机制,需要新企业经历一段时间的生产运营。因此,本书认为选择成立时间在10年内的企业为研究对象更合适。另外,本书的调研对象以新企业的创业者或中高层管理者为主,这是因为本书聚焦组织层面,探究新企业行为、能力及结果等,企业的中高层管理者对企业整体的运营活动及产出更了解和熟悉,有利于保证数据的准确性和有效性。

本书以大规模问卷调查的方式收集样本数据,问卷以实地发放和线上发放两种方式进行收集。一方面,研究小组在北京中关村和深圳湾创业广场进行实地调研。就调研区域而言,本书在中关村调研的区域主要包括中关村创业大街、中关村海淀园、昌平园、朝阳园等园区;深圳湾创业广场调研对象涉及深圳市软件产业园内各写字楼。在调研过程中,研究小组向每一位企业创业者或中高层管理者详细说明来访目的,询问被访者接受调研的意愿。询问接受问卷调查的企业年限、所处行业以及主营业务等企业基本信息,然后选择企业年限在10年以内且为独立经营个体的创业新企业填写问卷,并对研究感兴趣的创业者或高管团队进行面对面案例访谈,进一步了解企业的经营管理情况,特别是与本书相关的网络关系的构建及对企业营收的影响。另一方面,通过向亲属、同学和朋友寻求帮助,使用问卷星、邮件、微信、QQ等通信服务程序向被访者发放电子问卷,并在线上说明调研目的、调研内容,解答有关疑问,提高问卷回收的效率和数据回收质量。

对于多元回归分析而言,当样本数量与变量数量的比为15:1或30:1时,研究普适性较好,也有学者提出样本数量大于测量题项数量5倍即为合理(Osborne and Costello,2004)。基于此,在正式调研之前,本书发放20份调查问卷进行预调研，根据反馈结果对题项设计和语言表达进行修改和完善，随后开始大样本问卷调查。调研人员共联系500家企业，发放问卷1000份。其中，每家企业发放两份问卷，一份由创业者或高层管理者填写，另一份由其他管理人员或企业员工填写。共有269家企业愿意配合调研，回收问卷538份，回收率为53.8%。问卷回收后，调研小组剔除企业年限在10年以上、信息缺失较多以及答案存在明显问题的问卷，最终获得有效问卷数量326份（163家企业），有效回收率为32.6%，其中回收有效问卷北京中关村170份（85家企业），占比52.1%，深圳湾创业广场回收有效问卷156份（78家企业），占比47.9%。因此，本书采用的样本量达到实证研究的要求，研究结论具有一定的普适性和准确性。

5.2.2 样本特征

本书对收集的有效样本进行描述性统计分析，从个体和组织层面对样本特征进行总结。个体层面的样本特征包括被访企业的创业者性别、创业者教育背景以及被访者职位。统计分析结果见表5.1。具体地，被访者职位特征：被访者大多数为中层以上管理者，在有效样本中占比84.4%，其中创业者占比20.2%，中高层管理者（除创业者之外）占比64.2%，其他人员（包括基层管理者和员工）占比15.6%。创业者性别特征：创业者的性别以男性为主，占有效样本的91.4%，女性创业者占比为8.6%；创业者的教育背景特征：创业者的教育背景占比由大到小依次为，本科占比53.1%、硕士占比22.1%、大专占比12.0%、博士占比9.2%、中专及以下占比3.7%。此外，组织层面的企业特征涵盖员工人数、企业年限以及所处的行业类型。具体地，企业员工人数特征：员工人数在21~50人的占比最高为46.6%，其次是员工人数在51~200人的占比为25.8%，员工人数在1~20人的以及201人以上的企业分别占有效样本的23.3%和4.3%；企业年限特征：成立时间在1~5年的企业占有效样本的64.4%，成立时间大于5年且小于10年的企业占比35.6%；企业所处行业特征：被访企业中属于高科技行业的企业占有效样本总数的60.1%，非高科技行业企业占比39.9%，由此可见，样本企业以高科技企业为主。

表5.1 调查样本特征

个体基本特征	占比（%）	企业基本特征	占比（%）
创业者性别		员工人数（人）	
男	91.4	1~20	23.3
女	8.6	21~50	46.6
创业者教育背景		51~200	25.8
中专及以下	3.7	201以上	4.3
大专	12.0	企业年限（年）	
本科	53.1	1~5	64.4
硕士	22.1	5~10	35.6
博士	9.2	行业类型	
被访者职位		高科技行业	60.1
创业者	20.2	非高科技行业	39.9
中高层管理者	64.2		
其他	15.6		

资料来源：笔者根据数据分析结果整理得到。

5.3 变量测量

本书主要探讨创业生态系统中网络特性、网络拼凑、吸收能力与新企业绩效的关系以及网络拼凑和吸收能力的中介作用。其中的自变量是网络特性，包括关系异质性、关系多重性和关系变化性3个维度；因变量为新企业绩效；中介变量为网络拼凑和吸收能力，吸收能力分为潜在吸收能力和实际吸收能力。量表的选取遵循普适性和独特性原则，既借鉴国内外引用次数较多的经典量表，又体现创业生态系统的独特研究情境以及研究内容的独特性。首先，

第5章 实证研究设计

对于缺乏成熟量表的变量（创业生态系统的网络特性）进行量表开发。本书基于现有理论及相关研究对变量进行操作化定义，结合案例材料进一步探索网络特性的维度，即关系异质性、关系多重性和关系变化性并编制题项库（item pool），咨询创业领域的专家学者、创业生态系统中的新企业管理者以及研究小组成员的意见对量表进行多次改进，通过问卷预试对测量题项进行修改和完善，最终得到符合信度和效度要求的量表。其次，在学术界引用率和认可度较高的成熟量表的基础上，根据本书的研究对象、研究内容及研究情境对相关内容进行修改形成网络拼凑和吸收能力的测量量表。最后，新企业绩效的测量量表来自多个研究采用的成熟测量题项，本书综合之前的新企业绩效的测量题项，挑选与本书内容相符的题项对新企业绩效进行测量。本书采用的测量量表均为李克特（Likert）5点式量表，分为"完全不符合""不符合""中立""符合"以及"完全符合"5种程度。

1. 网络特性

本书以对创业生态系统网络相关研究的系统梳理为基础，基于创业生态系统特性对创业生态系统的网络特性进行理论推导；通过探索性多案例分析提出创业生态系统的网络特性主要包括关系异质性、关系多重性和关系变化性三个维度；结合已有研究和案例分析，进一步理解和深化变量内涵，通过与相关领域专家进行探讨，多次修改完善量表，对量表信度、效度进行检验，最终得到创业生态系统网络特性的测量量表。具体内容见表5.2。

现有研究中，异质性的测量大多采用Herfindal-Hirschman系数法（又称为Blau系数法）进行运算，运算公式为$H=1-\sum_{i=1}^{n}P_i^2$，其中P_i为第i类个体数占总体数的百分比，n为种类数量，H值介于0~1，H值越大，表明异质性越高。这种测量方法在创业生态系统情境下不具备可操作性，问卷调查所得的测量结果更准确。因此，本书采用量表的方式对关系异质性进行测量。通过梳理关系异质性的相关文献可以发现，部分国内学者测量关系异质性采用的量表引用率较低且与本书研究内容和研究情境不符。基于此，本书在Gulati等（2010）、

Fang、Francis和Hasan（2012）、Beckman等（2014）以及Cobena、Gallego和Casanueva（2017）等研究的基础上，将关系异质性界定为新企业与创业生态系统中不同背景的其他主体建立联系的程度，如不同行业、所有制、规模和年限的企业与政府、投资机构、高校和科研机构以及中介机构等非企业性质机构的联系程度。结合理论分析和案例研究，本书从显性和隐性两方面编制关系异质性的测量题项，共形成四个题项。

本书经梳理相关研究文献后发现，关系多重性的测量量表较匮乏。基于此，本书结合Wasserman和Faust（1994）、Ibarra（1995）、Beckman等（2004）、Cotton、Shen和Livne-Tarandach（2011）以及Shipilov等（2012，2014）对关系多重性的理论论述，将关系多重性界定为创业生态系统中两个主体间通过多种关系相连接的程度，并结合文献梳理和案例分析，从关系类型和关系成员视角对关系多重性进行测量，共形成两个关系多重性的测量题项。

对于关系变化性，学者虽然强调企业通过改变原有网络关系适应环境变化的问题（Pfeffer and Salancik，2003；Burt，1983；Gargiulo，1993），但并未对关系变化性的测量进行深入探讨。因此，本书结合Kerrick等（2014）、Roundy、Bradshaw和Brockman（2018）、Beckman、Haunschild和Phillips（2004）等对关系变化性的描述和分析，从关系范围的变化和关系性质的变化方面考察关系变化性的程度，共形成两个关系变化性的测量题项。

表5.2　网络特性的测量量表

变量	维度	题项
网络特性	关系异质性	RH1 贵公司与创业生态系统中许多不同企业存在关系的程度（如行业、所有制、规模以及年限等）
		RH2 贵公司与创业生态系统中许多不同非企业性质机构存在关系的程度（如投资机构、大学或科研机构以及政府等）
		RH3 贵公司与创业生态系统中其他主体建立不同类型认同的程度（如行为规范认同、共同目标认同以及价值逻辑认同等）
		RH4 贵公司与创业生态系统中其他主体建立不同程度的认同（如行为规范认同、共同目标认同以及价值逻辑认同等）

续表

变量	维度	题项
网络特性	关系多重性	RC1 贵公司与创业生态系统中其他企业或非企业性质机构存在多种关系的程度（如竞争和合作关系、采购和供应关系、引导和咨询关系等）
		RC2 贵公司在关系中扮演不同角色（领导和被领导，跟随和被跟随）
	关系变化性	RV1 贵公司与其他企业或非企业性质机构的关系范围发生变化的程度（如与新的企业建立关系）
		RV2 贵公司与其他企业或非企业性质机构的关系性质发生变化的程度（如由竞争关系变为竞合关系）

资料来源：笔者基于Kerrick等（2014）、Roundy，Bradshaw和Brockman（2018）、Beckman，Haunschild和Phillips（2004）的相关研究开发网络特性的测量量表。

2. 网络拼凑

Senyard、Baker和Davidsson（2009）开发的资源拼凑量表被学术界广泛引用，该量表被证明具有较高的信度和效度，并适用于中国情境（何一清、崔连广和张敬伟，2015；宋晶和陈劲，2019）。然而，本书通过梳理网络拼凑的研究文献发现，现有研究尚未对网络拼凑的测量量表进行深入探讨。基于此，本书结合网络拼凑已有研究，明确网络拼凑的概念界定。网络拼凑指的是借助现有网络关系进行的资源拼凑活动，是资源拼凑的一种重要方式（Baker，Miner and Eesley，2003；Baker，2007）。本书通过对创业生态系统中4家新企业的网络拼凑行为进行文献梳理和案例分析，提炼网络拼凑的3个维度，根据网络关系加工程度的不同，分为利用现有网络进行资源拼凑、重组现有网络进行资源拼凑以及基于现有网络创造新的网络进行资源拼凑。随后，本书在资源拼凑经典量表的基础上将原有的8个题项细分在网络拼凑的3个维度下，并根据各维度的内涵修改题项内容，与创业领域专家和研究小组成员探讨直至达成一致意见，最终形成8个测量题项。具体内容见表5.3。

表5.3 网络拼凑的测量量表

变量	维度	题项
网络拼凑	利用现有网络进行资源拼凑	NB1 我们有信心利用现有网络找到解决问题的有效方案
		NB2 当面临新挑战时，我们基于现有网络找到可行解决方案

续表

变量	维度	题项
网络拼凑	重组现有网络进行资源拼凑	NB3 我们通过重组现有的网络获得资源，成功地解决各种新挑战
		NB4 我们通过重组现有的和容易搭建的网络迎接新挑战
		NB5 我们通过重组原本不用于该任务的网络以达成新目标
	基于现有网络创造新的网络进行资源拼凑	NB6 与其他企业相比，我们有意愿并能够基于现有网络创造新的网络获得资源接受更多挑战
		NB7 我们基于现有网络创造有可能解决新问题或开发新机会的新网络获取资源
		NB8 当处理新问题或面临新机会时，我们假设能够通过基于现有网络创造新网络找到解决问题的方案

资料来源：笔者依据网络拼凑的维度修改Senyard、Baker和Davidsson（2009）资源拼凑的量表形成网络拼凑量表。

3. 吸收能力

Cohen和Levinthal（1990）将吸收能力界定为企业识别外部信息的价值并对其进行消化、吸收和商业化的能力，这个概念得到学术界的广泛认可。同时，本书认同Shaker A. Zahra和Gerard George于2002年发表在 *Academy of Management Review* 上的文章，文章将吸收能力划分为潜在吸收能力和实际吸收能力，这一划分在谷歌学术统计的引用次数高达9433次。其中，潜在吸收能力是指企业获取并同化外部知识的能力，包括知识获取能力和知识同化能力（Zahra and George，2002）；实际吸收能力是指企业将已获取的知识进行转化和利用的能力，包括知识转化能力和知识利用能力（Zahra and George，2002）。基于此，本书选择Jansen等（2005）针对此维度开发的量表，文章发表于 *Academy of Management Journal*，在谷歌学术上显示的引用次数为1908次。在吸收能力量表中，共有9个潜在吸收能力的测量题项和12个实际吸收能力的测量题项，本书根据研究对象、研究内容和研究情境对量表进行修改。具体内容见表5.4。

表5.4 吸收能力的测量量表

变量	维度	题项
吸收能力	潜在吸收能力	企业通过与合作伙伴频繁的互动获得新的知识
		企业员工定期拜访合作伙伴企业
		企业以非正式的渠道收集行业信息（如与同行在用餐时交流和与贸易伙伴会谈）
		企业员工几乎没有拜访过其他部门或企业
	实际吸收能力	企业定期组织与供应商、客户以及第三方机构等合作伙伴的专门会议，从而获取新知识
		企业员工定期咨询会计、管理或税务等第三方机构、投资机构、大学以及科研机构等
		企业无法很快地识别外部市场的变化，如竞争、规制和人口
		企业能很快理解服务客户的新机会
		企业能快速分析或解释变化的市场需求
		企业经常考察新产品和服务方面市场需求的变化
		企业员工记录并存储新获得的知识以供未来参考
		企业能够快速识别外部有用的新知识
		企业员工几乎从不分享实践经验
		企业很难从外部新知识中捕捉机会
		企业定期开会探讨市场的变化趋势以及新产品的开发
		企业能够清楚地了解企业内部活动的开展情况
		企业对客户的投诉置之不理
		企业有明确的职责分工
		企业一直在探索如何更好地利用知识
		企业在开发新产品和服务方面时常遇到困难
		企业员工在产品和服务方面有共同语言

资料来源：笔者根据Jansen、Van den Bosch和Volberda（2005）开发的吸收能力测量量表修改得到。

4. 新企业绩效

本书结合Lumpkin和Dess（2001）、Cai，Hughes和Yin（2014）、Li和Zhang（2007）、Covin和Slevin（1991）以及Antonicic（2001）等研究中采用的测量量表，通过财务指标和成长指标对新企业绩效的现状及成长性进行考察，并询问受访者最近3年的企业绩效情况。其中，财务指标包括投资回报率、市场占有率和净利润率，成长指标包括净收益增长速度、市场份额增长速度和新产品或新服务开发速度，共形成6个新企业绩效的测量题项，具体内容见表5.5。

表5.5 新企业绩效测量量表

变量	维度	题项
新企业绩效	财务绩效	NP1 投资回报率（投资收益 ÷ 投资成本）
		NP2 市场占有率（产品销售量占该类产品市场销售总量的比例）
		NP3 净利润率（净利润 ÷ 总销售额）
	成长绩效	NP4 净收益增长速度
		NP5 市场份额增长速度
		NP6 新产品或新服务的开发速度

资料来源：笔者根据Lumpkin 和Dess（2001）、Cai，Hughes和Yin（2014）、Li 和 Zhang（2007）、Covin和Slevin（1991）以及Antonicic（2001）采用的量表设计而成。

5. 控制变量

本书选取企业年限、员工人数、行业类型作为控制变量，以排除这些因素对相关结果的干扰。

首先，随着企业运营年限的不断增长，企业的行为和结果均会发生变化。本书根据问卷中被访者填写的企业成立时间计算企业年限。

其次，本书以员工人数衡量企业规模，以数字1~6表示员工人数的4个区间。其中，"1"代表员工人数在1~20人，"2"代表员工人数在21~50人，"3"代表员工人数在51~200人，"4"代表员工人数在201~500人，"5"代表员工人数在501~1000人，"6"代表员工人数在1000人以上。

最后，处于不同行业的新企业具有不同的初始资源禀赋，其网络关系、创业行为及能力呈现不同的特征。因此，本书选择行业类型为控制变量并设置为虚拟变量，企业如果处于高科技行业，设为1；企业如果处于非高科技行业，则设为0。

5.4 问卷的有效性检验

问卷的有效性检验方法主要包括信度检验和效度检验。通过对问卷进行信度检验可以考察问卷的内部一致性和稳定性，基于问卷的效度检验可以考察问卷的正确性和可靠性。本书从调研样本中随机抽取100份问卷，对网络特性（关系异质性、关系多重性和关系变化性）、网络拼凑、吸收能力（潜在吸收能力和实际吸收能力）以及新企业绩效进行探索性因子分析（EFA）和验证性因子分析（CFA），以考察测量问卷的有效性。

5.4.1 信度、效度的检验方法

1. KMO和Bartlett's球形检验

本书量表信度、效度检验的主要方法为因子分析法，在检验量表的有效性之前，需要对量表是否适合做因子分析进行检验，主要的检验方法为KMO和Bartlett球形检验。KMO（Kaiser-Meyer-Olkin）的取值范围为0~1，KMO指标值越接近1，说明题项变量的相关关系越强，越适合做因子分析（Spicer, 2005）。Barlett's球形检验的原假设是变量的相关系数矩阵为单位阵，即变量间不存在相关性，当Barlett's球形检验的卡方值较大且达到显著性水平时（P<0.05），说明实际数据拒绝原假设，变量间存在相关性，适合进行因子分析。

2. 信度检验方法

信度（reliability）被界定为真实分数的方差与观察分数方差之间的比例（吴明隆，2010），也被视作测量结果受测量误差影响的程度，用以检验量表测验结果的稳定性或一致性。量表如果信度越高，说明量表测量结果越稳定。信度检验是效度检验的必要非充分条件，即信度高未必代表效度高，但信度如果低，那么效度一定低。就Likert量表而言，多选项量表的内部信度至关重

要，其反映量表的内部一致性程度，即每一题项是否可以反映同一概念。研究领域最常用的信度系数是Cronbach's α系数，Cronbach's α系数如果在0.8以上（Bryman and Crammer，1997），则表示量表具有较高的信度。

3. 效度检验方法

效度（validity）是指正确测量该测验预测特质或行为的程度，用以检测结果的正确性和可靠性（Gronlund and Linn，1990）。效度建构以理论分析为基础，根据实际数据检验理论假设的正确性，符合社会学研究的基本逻辑，是较为严谨的效度检验方法（王保进，2007）。统计学认为，因子分析是检验效度建构最常用的方法之一（吴明隆，2010）。通过因子分析可以抽取变量间的公因子（common factor）以简化原来的数据结构。主成分分析（principal component analysis）是在因子分析时提取公因子最常用的方法之一。因此，在因子分析的过程中，采用主成分分析法进行因子分析，选择特征值大于1和最大方差正交旋转法析出公因子。检验标准为每个公因子对应转换后的因子载荷均在0.5以上，累计方差贡献率大于50%，则表明量表效度可以接受。

5.4.2　网络特性量表的信度、效度检验

通过梳理创业生态系统网络的相关文献可以发现，大多数研究只对创业生态系统的网络进行理论描述，尚未对创业生态系统网络特性的内涵、维度及测量量表进行深入分析。因此，本书在理论分析和案例研究的基础上开发创业生态系统的网络特性的测量量表。

依据Churchill（1979）阐述的量表开发程序，本书的量表开发步骤如下。首先，基于理论分析总结和推导创业生态系统网络特性的内涵及维度。具体而言，系统梳理创业生态系统网络的已有研究，从网络主体、网络关系、网络结构以及网络环境4个方面归纳和整理创业生态系统网络的特点，结合创业生态系统的特性推导创业生态系统的网络特性。其次，采用探索性多案例研究对网络特性的维度进行进一步的探索和验证；选取4家创业生态系统中的新

第5章 实证研究设计

企业为案例样本，通过对一手和二手材料的编码分析进一步探索创业生态系统中新企业网络特性的维度，主要包括关系异质性、关系多重性和关系变化性。再次，在理论推导和案例分析的基础上，编制网络特性的题项库，通过与创业领域专家、创业生态系统中新企业的管理者以及研究小组成员进行讨论，筛选并多次修改和完善测量题项，以提高量表的内容效度。最后，对网络特性量表进行描述性统计分析、KMO和Barlett's球形检验以及信度、效度检验，具体检验结果如下。

本书对网络特性各维度的测量题项进行描述性统计分析，其均值和标准差如表5.6所示。为检验数据是否适合做因子分析，本书对数据样本进行KMO和Barlett's球形检验，KMO系数为0.720，大于0.5，且Barlett's球形检验卡方值为342.280（P<0.001），检验通过，说明数据符合因子分析的要求，适合进行因子分析。随后，本书从总样本中随机抽取100份问卷，运用统计分析软件SPSS 24.0对数据进行探索性因子分析（EFA），采用主成分分析法和最大方差正交旋转法，共析出3个特征值均大于1的公因子，得出旋转后各公因子上的因子载荷均大于0.7，与预先假设的维度一致，说明量表具有较好的效度，累计方差贡献率为77.194%，具体数据结果见表5.7。

本书从剩下的样本中再随机抽取100份问卷，运用统计分析软件AMOS 24.0进行验证性因子分析，对由探索性因子分析得到的因子结构进行验证，结果见表5.8。绝对拟合指标x^2/df值为1.216（小于3），RMSEA值为0.047（小于0.08），GFI值为0.949，相对拟合指标NFI、TLI和CFI值分别为0.944、0.982和0.989（均大于0.9），由此说明该模型的拟合度较高。

本书通过Cronbach's α系数检验来考察网络特性的整体及各维度量表的信度，检验结果如表5.9所示。网络特性整体量表以及关系异质性、关系多重性及关系变化性的Cronbach's α均大于0.8，说明信度良好。各观察变量的标准化因子载荷（λ）分别为0.742、0.839、0.813、0.799、0.727、0.875、0.957、0.769，均大于0.5；3个潜在变量的平均方差变异量（AVE）分别为0.639、0.647、0.754，均大于0.5，组合信度值分别为0.876、0.784和0.858，均大于0.7，说明该量表具有较好的聚合效度。本书通过比较潜在变量间相关系数的平方与AVE的大小以检验量表的区分效度。经数据分析发现，关系异质性、关系多重性和关系变化性两两间的相关系数均小于AVE值，说明网络特性的测量量表具有良好的区分效度，具体结果见表5.10。

表5.6 网络特性测量题项的描述性统计

网络特性维度及测量题项	均值	标准差
关系异质性		
RH1 贵公司与创业生态系统中许多不同企业存在关系的程度（如行业、所有制、规模以及年限等）	3.80	0.943
RH2 贵公司与创业生态系统中许多不同非企业性质机构存在关系的程度（如投资机构、大学或科研机构以及政府等）	4.01	0.785
RH3 贵公司与创业生态系统中其他主体建立不同类型认同的程度（如行为规范认同、共同目标认同以及价值逻辑认同等）	3.98	0.791
RH4 贵公司与创业生态系统中其他主体建立不同程度的认同（如行为规范认同、共同目标认同以及价值逻辑认同等）	3.77	0.886
关系多重性		
RC1 贵公司与创业生态系统中其他企业或非企业性质机构存在多种关系的程度（如竞争和合作关系、采购和供应关系、引导和咨询关系等）	3.59	0.793
RC2 贵公司在关系中扮演不同角色（领导和被领导，跟随和被跟随）	4.08	0.774
关系变化性		
RV1 贵公司与其他企业或非企业性质机构间的关系范围发生变化的程度（如与新的企业建立关系）	4.20	0.778
RV2 贵公司与其他企业或非企业性质机构间的关系性质发生变化的程度（如由竞争关系变为竞合关系）	4.23	0.851

资料来源：笔者根据数据分析结果整理得到。

表5.7 网络特性测量量表的探索性因子分析结果

变量	维度	题项	旋转后因子载荷			累计方差贡献率(%)	α系数
			因子1	因子2	因子3		
网络特性	关系异质性	RH1	0.826	0.102	0.154	34.345	0.849
		RH2	0.757	0.092	0.102		
		RH3	0.857	0.062	−0.046		
		RH4	0.831	0.139	0.187		

第 5 章 实证研究设计

续表

变量	维度	题项	旋转后因子载荷			累计方差贡献率(%)	α 系数
			因子1	因子2	因子3		
网络特性	关系多重性	RC1	0.105	0.883	0.209	21.461	0.809
		RC2	0.149	0.895	0.142		
	关系变化性	RV1	0.090	0.278	0.867	21.387	0.816
		RV2	0.156	0.100	0.911		
总量表						77.194	0.807

资料来源：笔者根据数据分析结果整理得到。

表5.8 网络特性的验证性因子分析结果

评价指标	X^2/df	RMSEA	GFI	NFI	TLI	CFI
适配标准	小于3	小于0.08	大于0.9	大于0.9	大于0.9	大于0.9
测量结果	1.216	0.047	0.949	0.944	0.982	0.989

资料来源：笔者根据数据分析结果整理得到。

表5.9 网络特性的平均方差变异量及组合信度分析结果

潜在变量	观察变量	λ	AVE	CR
关系异质性	RH1	0.742	0.639	0.876
	RH2	0.839		
	RH3	0.813		
	RH4	0.799		
关系多重性	RC1	0.727	0.647	0.784
	RC2	0.875		
关系变化性	RV1	0.957	0.754	0.858
	RV2	0.769		

资料来源：笔者根据数据分析结果整理得到。

表5.10 网络特性的区分效度检验结果

变量	关系异质性	关系多重性	关系变化性
关系异质性	0.639	—	—
关系多重性	0.117	0.647	—
关系变化性	0.023	0.118	0.754

注：对角线数值为AVE；对角线下对应的数值为因子间的标准化相关系数的平方。
资料来源：笔者根据数据分析结果整理得到。

5.4.3 网络拼凑量表的信度、效度检验

回顾网络拼凑的已有研究可以发现，学者聚焦网络拼凑的概念界定及其对新企业成长的作用等研究，缺乏对网络拼凑的维度、测量量表以及相关实证研究。因此，本书结合文献梳理和案例分析划分网络拼凑的维度，结合资源拼凑经典量表形成网络拼凑的测量量表。

首先，本书综述资源拼凑和网络拼凑的相关研究，总结网络拼凑的内涵，即通过现有网络关系进行资源拼凑活动（Baker，Miner and Eesley，2003；Baker，2007）；通过案例分析提炼网络拼凑的维度，根据网络加工程度的不同，将网络拼凑划分为利用现有网络进行资源拼凑、重组现有网络进行资源拼凑以及基于现有网络创造新的网络进行资源拼凑3个维度。其次，深入分析Senyard、Baker和Davidsson（2009）开发的资源拼凑的测量题项，将各题项归纳到网络拼凑的相应维度，与创业研究领域专家学者和研究小组成员讨论，修改题项直至意见达成一致。最后，对网络拼凑的测量题项进行描述性统计分析、KMO和Barlett's球形检验以及信度、效度检验，具体检验结果如下。

网络拼凑测量题项的描述性统计分析如表5.11所示，主要包括网络拼凑各测量题项的均值及标准差。在进行因子分析之前，本书对数据进行KMO和Barlett's球形检验，得到KMO系数为0.806，远大于0.5，且Barlett's球形检验卡方值为354.959（P<0.001），检验通过，说明数据适合进行因子分析。随后，对样本数据进行探索性因子分析，数据结果如表5.12所示，最大方差法旋转共得到3个公因子，每个公因子下各题项的因子载荷均大于0.7（大于0.5），说明量表的建构效度良好，累计方差贡献率为78.124%（大于50%）。此外，网络拼凑整体量表及各维度量表的Cronbach's α值均大于0.8，说明量表具有良好的信度。综上所述，网络拼凑的量表具有良好的信度和效度。

表5.11 网络拼凑测量题项的描述性统计

网络拼凑测量题项	均值	标准差
NB1 我们有信心能够利用现有网络找到解决问题的有效方案	4.22	0.905

续表

网络拼凑测量题项	均值	标准差
NB2 当我们面临新挑战时,我们基于现有网络找到可行的解决方案	4.22	0.917
NB3 我们通过重组现有的网络获得资源,成功地解决各种新挑战	3.79	1.028
NB4 我们通过重组现有和容易搭建的网络迎接新挑战	3.71	1.131
NB5 我们通过重组原本并非用于该任务的网络以达成新的目标	3.85	1.095
NB6 与其他企业相比,我们乐于并且能够基于现有网络创造新的网络获得资源解决更多的挑战	4.25	0.869
NB7 我们基于现有网络创造出任何有可能解决新问题或开发新机会的新网络获得资源	4.14	0.975
NB8 当处理新问题或面临新机会时,我们假设能够通过基于现有网络创造新的网络找到解决问题的方案	4.25	0.947

资料来源:笔者根据数据分析结果整理得到。

表5.12 网络拼凑测量量表的信度、效度检验结果

变量	维度	题项	旋转后因子载荷			方差贡献率(%)	α 系数
			因子1	因子2	因子3		
网络拼凑	利用现有网络进行资源拼凑	NB1	0.911	0.209	0.079	28.592	0.853
		NB2	0.879	0.146	0.275		
	重组现有网络进行资源拼凑	NB3	0.281	0.752	0.295	26.777	0.810
		NB4	0.027	0.840	0.201		
		NB5	0.157	0.822	0.213		
	基于现有网络创造新的网络进行资源拼凑	NB6	0.268	0.195	0.778	22.755	0.835
		NB7	0.139	0.194	0.845		
		NB8	0.056	0.234	0.857		
	总量表					78.124	0.849

资料来源:笔者根据数据分析结果整理得到。

5.4.4 吸收能力量表的信度、效度检验

本书采用Zahra和George(2002)对吸收能力的维度划分方式,并在Jansen等(2005)针对该维度所开发的经典量表的基础上依据本书的研究对象、研

究内容以及研究情境进行相应修改；对吸收能力测量量表进行描述性统计分析、KMO和Barlett's球形检验以及信度、效度检验。

吸收能力各题项的描述性统计（均值和标准差）如表5.13所示。首先，对潜在吸收能力和实际吸收能力分别进行KMO和Barlett's球形检验。经检验，潜在吸收能力的KMO系数为0.938，远大于0.5且接近1，Barlett's球形检验卡方值为592.365（P<0.001），说明检验通过；实际吸收能力的KMO系数为0.936，大于0.5且接近1，Barlett's球形检验卡方值为1056.226（P<0.001），表明检验通过。因此，潜在和实际吸收能力的数据适合进行因子分析。其次，本书对吸收能力量表的各维度进行验证性因子分析（CFA），检验结果如表5.14所示，各题项因子载荷均大于0.7，累计方差贡献率分别为65.040%（大于50%）和68.560%（大于50%），说明量表具有良好的效度。此外，潜在吸收能力的Cronbach's α系数为0.932（大于0.8），实际吸收能力的Cronbach's α系数为0.958（大于0.8），表明量表具有良好的信度。综上所述，吸收能力的测量量表具有良好的信度和效度。

表5.13 吸收能力测量题项的描述性统计

吸收能力维度及测量题项	均值	标准差
潜在吸收能力		
PC1 企业通过与合作伙伴频繁的互动获得新的知识	4.15	0.770
PC2 企业员工定期拜访合作伙伴企业	4.18	0.730
PC3 企业以非正式的渠道收集行业信息（例如，与同行在用餐时交流和与贸易伙伴会谈）	4.11	0.709
PC4 企业员工没有拜访过其他部门（反向题项）	4.14	0.725
PC5 企业定期组织与客户或第三方的专门会议，从而获取新的知识	3.95	0.672
PC6 企业员工定期咨询会计、管理或税务等第三方机构	4.28	0.726
PC7 企业无法很快地识别外部市场的变化，如竞争和规制（反向题项）	4.11	0.695
PC8 企业能很快理解服务客户的新机会	4.05	0.642
PC9 企业能很快分析或解释变化的市场需求	4.10	0.759
实际吸收能力		
RC1 企业经常观察在新产品和服务方面市场需求变化的结果	3.90	0.948

续表

吸收能力维度及测量题项	均值	标准差
RC2 企业员工记录和存储新获得的知识以供未来参考	4.09	0.889
RC3 企业能够快速识别外部有用的新知识	3.81	1.032
RC4 企业员工几乎从不分享实践经验（反向题项）	3.82	0.947
RC5 企业很难从外部新知识中捕捉机会（反向题项）	3.95	0.999
RC6 企业定期开会探讨市场的变化趋势以及新产品的开发	3.85	0.957
RC7 企业员工能够清楚地了解企业内部活动的开展情况	3.91	1.093
RC8 企业对客户的投诉置之不理（反向题项）	3.86	0.964
RC9 企业对任务和责任有清晰的划分	3.90	0.823
RC10 企业一直在探索如何更好地利用知识	3.92	1.079
RC11 企业在开发新产品和服务方面时常遇到困难（反向题项）	3.88	0.891
RC12 企业员工在企业的产品和服务方面有共同语言	3.81	0.895

资料来源：笔者根据数据分析结果整理得到。

表5.14 吸收能力测量量表的信度、效度检验结果

变量	维度	题项	因子载荷	累计方差贡献率（%）	KMO 和 Bartlett's 球形检验	α 系数
吸收能力	潜在吸收能力	PC1	0.846	65.040	0.938（P<0.001）	0.932
		PC2	0.815			
		PC3	0.748			
		PC4	0.901			
		PC5	0.817			
		PC6	0.790			
		PC7	0.806			
		PC8	0.769			
		PC9	0.778			
	实际吸收能力	RC1	0.866	68.560	0.936（P<0.001）	0.958
		RC2	0.831			
		RC3	0.888			
		RC4	0.811			
		RC5	0.867			

续表

变量	维度	题项	因子载荷	累计方差贡献率（%）	KMO 和 Bartlett's 球形检验	α 系数
吸收能力	实际吸收能力	RC6	0.764	68.560	0.936（P<0.001）	0.958
		RC7	0.811			
		RC8	0.838			
		RC9	0.755			
		RC10	0.857			
		RC11	0.828			
		RC12	0.811			

资料来源：笔者根据数据分析结果整理得到。

5.4.5 新企业绩效量表的信度、效度检验

综合Lumpkin和Dess（2001）、Cai、Hughes和Yin（2014）、Li和Zhang（2007）、Covin和Slevin（1991）以及Antonicic（2001）对新企业绩效的测量，本书主要从财务绩效和成长绩效两个方面测量新企业绩效并对新企业绩效的测量量表进行描述性统计分析、KMO和Barlett's球形检验以及信度、效度检验。

本书对新企业绩效进行描述性统计分析，新企业绩效的均值和标准差如表5.15所示。为检验数据是否适合做因子分析，进行KMO和Barlett球形检验，KMO系数为0.816，远大于0.5，Barlett's球形检验卡方值为372.832（P<0.001），检验通过，说明数据符合因子分析的要求，适合进行因子分析。随后，本书对数据进行验证性因子分析（CFA），检验结果如表5.16所示，得到各公因子上的因子载荷均大于0.7，说明量表具有较好的效度，累计方差贡献率为66.666%（>50%）。此外，本书用Cronbach's α系数检验新企业绩效的信度，新企业绩效的Cronbach's α值为0.898，大于0.8，说明新企业绩效量表的信度良好。综上所述，新企业绩效的测量量表具有良好的信度和效度。

表5.15　新企业绩效测量题项的描述性统计分析

新企业绩效测量题项	均值	标准差
新企业绩效		
NP1 投资回报率（投资收益/投资成本）	4.08	0.677
NP2 市场占有率（产品销售量占该类产品整个市场销售总量的比例）	4.17	0.739
NP3 净利润率（净利润/总销售额）	4.05	0.657
NP4 净收益增长速度	4.09	0.698
NP5 市场份额增长速度	3.97	0.703
NP6 新产品或新服务的开发速度	4.10	0.718

资料来源：笔者根据数据分析结果整理得到。

表5.16　新企业绩效测量量表的信度、效度检验结果

变量	题项	因子载荷	累计方差贡献率（%）	KMO 和 Bartlett's 球形检验	Cronbach's α 系数
新企业绩效	NP1	0.927	66.666	0.816（P<0.001）	0.898
	NP2	0.805			
	NP3	0.804			
	NP4	0.802			
	NP5	0.800			
	NP6	0.750			

资料来源：笔者根据数据分析结果整理得到。

5.5　同源方法偏差检验

每份问卷的所有题项由于均由同一个被访者完成，可能存在数据同源方法偏差问题（Common method bias），因此本书采用哈门氏单因素检测的方法（Harman's one-factor Test）进行同源方法偏差检验。具体地，将所有变量的测量题项同时进行探索性因子分析，检验标准为数据结果没有析出同一公因子，

第一主成分因子的累计方差贡献率小于40%（Podsakoff and Organ，1986）。数据结果显示，本书不存在同一公因子，且第一主成分因子的累计方差贡献率仅为20.061%（小于40%），说明本书不存在同源方法偏差问题。

5.6 本章小结

　　本章对实证分析前数据收集采用的方法、工具以及检验工作进行介绍，以保证实证分析结果的准确性和严谨性。相关内容主要包括问卷设计、数据收集与样本特征、变量测量、问卷的有效性检验以及同源方法偏差检验。首先，本章对实证研究所采用的工具调查问卷进行设计，主要介绍问卷设计的原则和流程。其次，较详细地描述数据收集的过程和结果，并对收集的样本数据进行描述性统计分析，从个体和组织层面对样本特征进行总结。再次，对本书采用的测量量表进行逐一介绍，在梳理已有文献的基础上，开发创业生态系统的网络特性的量表，在经典成熟量表的基础上依据本书的研究内容和研究情境进行修改，形成网络拼凑和吸收能力的测量量表，综合已有研究所采用的测量题项得到新企业绩效的测量量表。最后，对网络特性、网络拼凑、吸收能力和新企业绩效的量表进行有效性和同源方法偏差检验，数据结果显示相关量表的信度、效度适合进行进一步实证分析的标准。

第6章 实证分析与结果讨论

本书采用描述性统计、Pearson相关系数以及多元线性回归分析等方法对创业生态系统中的网络特性、网络拼凑、吸收能力及新企业绩效的关系进行实证检验。随后，从网络特性对新企业绩效的影响机制和网络拼凑对新企业绩效的影响机制两个方面对数据分析结果进行深入讨论，阐述本书对新企业或创业者的理论指导和实践启示。

6.1 描述性统计与相关性分析

本书对各变量进行描述性统计和Pearson相关系数分析，具体内容见表6.1。数据结果显示，核心变量的平均值和方差均处于合理范围。创业生态系统中的网络特性、网络拼凑、吸收能力以及新企业绩效间均存在正相关关系，且相关系数在可接受范围内，符合进行下一步多元线性回归分析的要求。

表6.1 主要变量的描述性统计与相关性分析

变量	企业年限	员工人数	行业类型	关系异质性	关系多重性	关系变化性	网络拼凑	潜在吸收能力	实际吸收能力	新企业绩效
企业年限	1									
员工人数	0.394**	1								
行业类型	0.610**	0.345**	1							
关系异质性	−0.018	0.109*	−0.006	1						

续表

变量	企业年限	员工人数	行业类型	关系异质性	关系多重性	关系变化性	网络拼凑	潜在吸收能力	实际吸收能力	新企业绩效
关系多重性	−0.009	0.126*	0.018	0.495**	1					
关系变化性	0.012	0.053	0.015	0.466**	0.439**	1				
网络拼凑	0.008	0.068	−0.014	0.402**	0.409**	0.458**	1			
潜在吸收能力	−0.030	0.115*	−0.006	0.162**	0.236**	0.158**	0.183**	1		
实际吸收能力	0.012	0.195**	−0.035	0.262**	0.253**	0.232**	0.196**	0.223**	1	
新企业绩效	0.099	0.181**	0.071	0.419**	0.413**	0.454**	0.413**	0.440**	0.383**	1
均值	4.800	2.110	0.600	3.923	3.893	4.055	4.035	4.055	4.054	3.946
标准差	2.197	0.808	0.490	0.622	0.702	0.685	0.619	0.566	0.633	0.594

注：*表示显著性水平$P<0.05$，**表示显著性水平$P<0.01$，***表示显著性水平$P<0.001$。
资料来源：笔者根据数据分析结果整理得到。

6.2 实证分析

6.2.1 网络特性对新企业绩效的影响机制检验

1. 网络特性与新企业绩效关系检验

本部分通过构建模型1-1和模型1-2检验网络特性（关系异质性、关系多重性以及关系变化性）与新企业绩效的关系。具体地，模型1-1检验控制变量（企业年限、员工人数以及行业类型）对新企业绩效的影响，模型1-2检验控制变量及网络特性对新企业绩效的影响。由模型1-1到模型1-2，R^2增加0.271，说明加入网络特性后，模型的有效性得到提升。

具体检验结果如表6.2所示，模型1-1的数据结果显示，员工人数对新企业绩效的影响显著（$\beta=0.170$，$P<0.01$），企业年限和行业类型对新企业绩效的影响不显著（$\beta=0.040$，ns；$\beta=-0.012$，ns）。模型1-2在模型1-1的基础上，加

入关系异质性、关系多重性以及关系变化性3个网络特性维度以检验网络特性对新企业绩效的影响。结果显示关系异质性对新企业绩效回归系数为0.185（P<0.001），表明关系异质性与新企业绩效存在显著的正相关关系，因此H1：关系异质性积极影响新企业绩效通过验证。关系多重性对新企业绩效的回归系数为0.189（P<0.001），表明关系多重性与新企业绩效存在显著的正相关关系，因此H2：关系多重性积极影响新企业绩效通过验证。关系变化性对新企业绩效的回归系数为0.278（P<0.001），表明关系变化性与新企业绩效存在显著的正相关关系，因此H3a：关系变化性积极影响新企业绩效通过验证，而H3b：关系变化性消极影响新企业绩效未通过验证。

表6.2 网络关系特性对新企业绩效影响的回归分析结果

变量	新企业绩效	
	模型1-1	模型1-2
控制变量		
企业年限	0.040	0.069
员工人数	0.170**	0.104*
行业类型	−0.012	−0.014
自变量		
关系异质性		0.185***
关系多重性		0.189***
关系变化性		0.278***
R^2	0.034	0.307
调整后的R^2	0.025	0.294
ΔR^2		0.271
F值	3.762*	23.552***

注：*代表显著性水平P<0.05，**代表显著性水平P<0.01，***代表显著性水平P<0.001。
资料来源：笔者根据数据分析结果整理得到。

2. 网络拼凑与新企业绩效关系检验

本书在模型1-1的基础上，构建模型1-3验证网络拼凑与新企业绩效的关系。模型1-3中的解释变量为网络拼凑，被解释变量为新企业绩效。由模型

1-1到模型1-3，R^2增加0.082，说明在模型1-1中加入网络特性后，模型的有效性有所提高。表6.3中模型1-3的结果表明，网络拼凑对新企业绩效的回归系数为0.403（P<0.001），说明网络拼凑对新企业绩效具有积极的影响，因此H4：网络拼凑积极影响新企业绩效得到数据验证。

表6.3 网络拼凑对新企业绩效影响的回归分析结果

变量	新企业绩效	
	模型 1-1	模型 1-3
控制变量		
企业年限	0.040	0.039
员工人数	0.170**	0.136*
行业类型	−0.012	0.006
自变量		
网络拼凑		0.403***
R^2	0.034	0.116
调整后的 R^2	0.025	0.105
ΔR^2		0.082
F 值	3.762*	19.506***

注：*代表显著性水平P<0.05，**代表显著性水平P<0.01，***代表显著性水平P<0.001。
资料来源：笔者根据数据分析结果整理得到。

3. 网络特性与网络拼凑的关系检验

本书通过构建模型2-1和模型2-2验证网络特性（关系异质性、关系多重性与关系变化性）与网络拼凑的关系。其中，模型2-1中的解释变量为控制变量（企业年限、员工人数及行业类型），被解释变量为网络拼凑；模型2-2中的解释变量为控制变量和网络特性（关系异质性、关系多重性以及关系变化性），被解释变量为网络拼凑（见表6.4），由模型2-1到模型2-2，R^2增加0.278，说明在模型2-1加入网络特性后，模型的有效性得到改善。

如表6.4所示，模型2-1中，企业年限、员工人数以及行业类型对网络拼凑的影响均不显著（β=0.003，ns；β=0.083，ns；β=-0.044，ns）。模型2-2在模型2-1的基础上,加入关系异质性、关系多重性和关系变化性以验证网络特性对网络拼凑的影响。数据结果显示,关系异质性对新企业绩效的回归系数为0.165(P<0.01),说明关系异质性对新企业绩效的影响显著。因此H5:关系异质性积极影响网络拼凑得到数据支持;关系多重性对新企业绩效的回归系数为0.197(P<0.001),说明关系多重性对新企业绩效的影响积极显著,因此H7:关系多重性积极影响网络拼凑得到数据支持;关系变化性对新企业绩效的回归系数为0.294(P<0.001),说明关系变化性对新企业绩效的影响积极显著,因此H9a:关系变化性积极影响网络拼凑得到数据支持,而H9b:关系变化性消极影响网络拼凑未得到数据支持。

表6.4 网络特性对网络拼凑影响的回归分析结果

变量	网络拼凑	
	模型2-1	模型2-2
控制变量		
企业年限	0.003	0.031
员工人数	0.083	0.018
行业类型	−0.044	−0.046
自变量		
关系异质性		0.165**
关系多重性		0.197***
关系变化性		0.294***
R^2	0.006	0.284
调整后的 R^2	−0.003	0.270
ΔR^2		0.278
F 值	0.680	21.078***

注:*代表显著性水平P<0.05,**代表显著性水平P<0.01,***代表显著性水平P<0.001。
资料来源:笔者根据数据分析结果整理得到。

4. 网络拼凑的中介作用检验

本部分在模型1-1(控制变量与新企业绩效关系)的基础上,构建模型1-4a和1-4b、模型1-5a和1-5b以及模型1-6a和1-6b。其中,模型1-4a和1-4b

主要验证网络拼凑在关系异质性与新企业绩效间的中介作用；模型1-5a和1-5b主要验证网络拼凑在关系多重性与新企业绩效间的中介作用；模型1-6a和1-6b主要验证网络拼凑在关系变化性与新企业绩效间的中介作用。

依据Baron和Kenny（1986）的中介作用验证三步法，第一步是使用回归分析验证自变量与因变量的关系，回归系数若显著，则可以继续验证。第二步是使用回归分析验证自变量与中介变量间的关系，回归系数若具有显著性，则可以继续验证。第三步是将中介变量加入回归方程，验证自变量、中介变量及因变量间的关系，在中介变量与因变量间的回归系数显著的前提条件下，如果自变量与因变量间的回归系数不显著，则判定完全中介作用成立（Judd and Kenny，1981）；如果自变量与因变量间的回归系数显著，系数变小或显著性减弱，则判定部分中介作用成立（Baron and Kenny，1986）。

表6.5的数据结果显示，从模型1-1到模型1-4a，R^2增加0.163，表明模型加入关系异质性后，模型的有效性提升。从模型1-4a到模型1-4b，R^2增加0.070，表明模型加入网络拼凑后，模型的有效性增强。由模型1-4a可知，关系异质性对新企业绩效具有显著的积极影响（β=0.408，P<0.001），符合中介作用的第一个验证条件；模型2-2中关系异质性对网络拼凑的影响显著（β=0.165，P<0.01），符合中介作用的第2个验证条件；由模型1-4a和1-4b可知，当在模型1-4a中加入中介变量网络拼凑后，网络拼凑对新企业绩效具有显著的积极影响，回归系数为0.288（P<0.001），符合中介作用的第3个验证条件，关系异质性对新企业绩效的影响显著，回归系数由0.408（P<0.001）减小为0.293（P<0.001），网络拼凑在关系异质性与新企业绩效间起部分中介作用。因此H6：网络拼凑在关系异质性与新企业绩效间具有中介作用成立。

结合表6.5的数据结果可以发现，从模型1-1到模型1-5a的R^2增加0.159，表明加入关系多重性后，模型有效性显著提升。从模型1-5a到模型1-5b的R^2增加0.069，表明加入网络拼凑后，模型的有效性增强。模型1-5a中关系多重性对新企业绩效具有显著的积极影响（β=0.402，P<0.001），符合中介作用验证的第一个条件；模型2-2中关系多重性对网络拼凑的影响显著（β=0.197，

P<0.001），符合中介作用验证的第2个条件；由模型1-5a和1-5b可知，当在模型1-5a中加入中介变量网络拼凑后，网络拼凑对新企业绩效具有显著的积极影响，回归系数为0.289（P<0.01），符合中介作用验证的第3个条件，关系多重性对新企业绩效的影响依然显著，回归系数由0.402（P<0.001）减小为0.284（P<0.001），网络拼凑在关系多重性与新企业绩效间起部分中介作用。因此H8：网络拼凑在关系多重性与新企业绩效间具有中介作用成立。

根据表6.5的数据结果可得，模型1-1到模型1-6a的R^2增加0.198，表明加入关系变化性后，模型的有效性提升。模型1-6a到模型1-6b的R^2增加0.050，表明模型加入网络拼凑后，模型的有效性提升。模型1-6a中的关系变化性对新企业绩效具有显著的积极影响（β=0.446，P<0.001），符合中介作用验证的第1个条件；模型2-2中的关系变化性对网络拼凑的影响显著（β=0.294，P<0.001），符合中介作用验证的第2个条件；由模型1-6a和1-6b可知，当在模型1-6a中加入中介变量网络拼凑后，网络拼凑对新企业绩效具有显著的积极影响，回归系数为0.252（P<0.001），符合中介作用验证的第3个条件，关系变化性对新企业绩效的影响显著，回归系数由0.446（P<0.001）减小为0.331（P<0.001），说明网络拼凑在关系变化性与新企业绩效间起部分中介作用。因此H10：网络拼凑在关系变化性与新企业绩效间具有中介作用成立。

表6.5 网络拼凑的中介作用检验结果

变量	新企业绩效						
	模型1-1	模型1-4a	模型1-4b	模型1-5a	模型1-5b	模型1-6a	模型1-6b
控制变量							
企业年限	0.040	0.066	0.058	0.068	0.059	0.046	0.044
员工人数	0.170**	0.113*	0.105*	0.119*	0.110	0.144**	0.130*
行业类型	−0.012	−0.006	0.005	−0.019	−0.004	−0.014	−0.002
自变量							
关系异质性		0.408***	0.293***				
关系多重性				0.402***	0.284***		
关系变化性						0.446***	0.331***

续表

变量	新企业绩效						
	模型1-1	模型1-4a	模型1-4b	模型1-5a	模型1-5b	模型1-6a	模型1-6b
中介变量							
网络拼凑			0.288***		0.289***		0.252***
R^2	0.034	0.197	0.267	0.193	0.262	0.232	0.282
调整后的 R^2	0.025	0.187	0.255	0.183	0.251	0.223	0.271
ΔR^2		0.163	0.070	0.159	0.069	0.198	0.050
F值	3.762*	19.743***	23.278***	19.195***	22.741***	24.279***	25.154***

注：*表示显著性水平P<0.05，**表示显著性水平P<0.01，***表示显著性水平P<0.001。
资料来源：笔者根据数据分析结果整理得到。

6.2.2 网络拼凑对新企业绩效的影响机制检验

1. 吸收能力与新企业绩效的关系检验

基于模型1-1，本部分构建模型1-7检验潜在吸收能力和实际吸收能力与新企业绩效间的关系。模型1-7中的解释变量为潜在吸收能力和实际吸收能力，被解释变量为新企业绩效。表6.6中，模型1-1到模型1-7的R^2增加0.258，表明加入潜在吸收能力和实际吸收能力后，模型的有效性得到提升。

表6.6显示的数据结果是，模型1-7中潜在吸收能力与新企业绩效的回归系数为0.373（P<0.001），表明在P<0.001的水平下显著，潜在吸收能力与新企业绩效存在显著的正相关关系，因此H11：潜在吸收能力积极影响新企业绩效得到验证。模型1-7中实际吸收能力与新企业绩效的回归系数为0.290（P<0.001），表明在P<0.001的水平下显著，实际吸收能力与新企业绩效存在显著的正相关关系。因此H12：实际吸收能力积极影响新企业绩效得到验证。

第6章 实证分析与结果讨论

表6.6 吸收能力对新企业绩效影响的回归分析结果

变量	新企业绩效	
	模型 1-1	模型 1-7
控制变量		
企业年限	0.040	0.077
员工人数	0.170**	0.044
行业类型	-0.012	0.021
自变量		
潜在吸收能力		0.373***
实际吸收能力		0.290***
R^2	0.034	0.292
调整后的 R^2	0.025	0.281
ΔR^2		0.258
F 值	3.762*	26.454***

注：*表示显著性水平P<0.05，**表示显著性水平P<0.01，***表示显著性水平P<0.001。
资料来源：笔者根据数据分析结果整理得到。

2. 网络拼凑与吸收能力的关系检验

本书构建模型3-1和3-2以验证潜在吸收能力与新企业绩效间的关系。其中，模型3-1的解释变量为控制变量，被解释变量为潜在吸收能力和实际吸收能力；模型3-2的解释变量为网络拼凑及网络拼凑的平方，被解释变量为潜在吸收能力和实际吸收能力。结合表6.7的数据结果可得，模型3-1到模型3-2的R^2增加0.030，表明加入网络拼凑后，模型的有效性提升。模型4-1到模型4-2的R^2增加0.034，表明模型加入网络拼凑和网络拼凑的平方后，模型的有效性增强。表6.7显示，由模型3-1可知，员工人数对实际吸收能力的积极影响显著（β=0.151，P<0.05），企业年限和行业类型对实际吸收能力的影响不显著（β=-0.087，ns；β=-0.005，ns）。由模型3-2可知，网络拼凑与潜在吸收能力的回归系数为0.175（P<0.001），说明网络拼凑与潜在吸收能力存在显著的正相关关系。因此H13：网络拼凑积极影响潜在吸收能力得到数据验证。模型4-1显示，员工人数对实际吸收能力的积极影响显著（β=0.238，

P<0.001），企业年限和行业类型对实际吸收能力的影响不显著（β=-0.016，ns；β=-0.107，ns）。由模型4-2可知，网络拼凑的平方对实际吸收能力的回归系数为-0.838，在显著性水平P<0.05下不显著，说明网络拼凑的平方对实际吸收能力的影响不显著。因此H15：网络拼凑与实际吸收能力存在倒"U"形曲线关系未得到数据验证。

表6.7　网络拼凑对吸收能力影响的回归分析结果

变量	潜在吸收能力		实际吸收能力	
	模型3-1	模型3-2	模型4-1	模型4-2
控制变量				
企业年限	-0.087	-0.087	-0.016	-0.013
员工人数	0.151*	0.137*	0.238***	0.206***
行业类型	-0.005	0.003	-0.107	-0.093
自变量				
网络拼凑		0.175***		1.014
网络拼凑的平方				-0.838
R^2	0.020	0.050	0.052	0.086
调整后的 R^2	0.011	0.039	0.043	0.072
ΔR^2		0.030		0.034
F值	2.201	4.265**	5.656***	6.303***

注：*表示显著性水平P<0.05，**表示显著性水平P<0.01，***表示显著性水平P<0.001。
资料来源：笔者根据数据分析结果整理得到。

3. 潜在吸收能力的中介作用检验

本部分在模型1-1（控制变量与新企业绩效关系）和模型1-3（网络拼凑与新企业绩效关系）的基础上，构建模型1-8以验证潜在吸收能力在网络拼凑与新企业绩效的中介作用。结合表6.8的数据结果可得，模型1-1到模型1-3的R^2增加0.162，表明加入网络拼凑后，模型的有效性提升。模型1-3到模型1-8的R^2增加0.292，表明加入潜在吸收能力后，模型的有效性提升。

结合表6.7的数据结果与Baron和Kenny（1986）提出的中介作用验证三步回归法做一下分析。一是自变量对因变量具有显著影响。模型1-3中网络拼凑对新企业绩效具有显著的积极影响（β=0.403，P<0.001），符合验证条件。二是模型3-2中网络拼凑对潜在吸收能力具有显著的积极影响（β=0.175，P<0.001），因此因变量对中介变量具有显著影响，符合验证条件。三是加入中介变量后，中介变量对因变量的影响显著，可以根据自变量对因变量的回归系数及显著性变化判断完全或部分中介作用。由模型1-8可知，在模型1-3中加入中介变量潜在吸收能力后，潜在吸收能力对新企业绩效具有显著的积极影响，回归系数为0.371（P<0.001），符合验证条件，网络拼凑对新企业绩效的影响显著，回归系数由0.403（P<0.001）减小为0.339（P<0.001），说明潜在吸收能力在网络拼凑与新企业绩效间起部分中介作用。因此H14：潜在吸收能力在网络拼凑与新企业绩效间具有中介作用得到数据验证。

表6.8 潜在吸收能力的中介作用回归分析结果

变量	新企业绩效		
	模型1-1	模型1-3	模型1-8
控制变量			
企业年限	0.040	0.039	0.071
员工人数	0.170**	0.136*	0.086
行业类型	−0.012	0.006	0.005
自变量			
网络拼凑		0.403***	0.339***
中介变量			
潜在吸收能力			0.371***
R^2	0.034	0.196	0.326
调整后的R^2	0.025	0.186	0.315
ΔR^2		0.162	0.292
F值	3.762*	19.506***	30.951***

注：*表示显著性水平P<0.05，**表示显著性水平P<0.01，***表示显著性水平P<0.001。
资料来源：笔者根据数据分析结果整理得到。

6.3 结果讨论

本书基于创业生态系统的研究情境探索创业生态系统中网络特性、网络拼凑、吸收能力与新企业绩效间的关系，旨在回答以下研究问题。一是创业生态系统中新企业的网络关系有哪些特性。二是创业生态系统中的新企业如何利用网络特性提升绩效。三是创业生态系统中的新企业如何通过网络拼凑行为提升新企业绩效。四是不同类型的吸收能力在网络拼凑与新企业绩效间发挥何种作用。基于此，本书在理论分析和多案例研究的基础上构建理论模型。并在理论基础和相关研究的指引下，论述和提出17个研究假设，通过问卷调查和实证分析的方法对研究假设进行检验。结果显示，共有14条假设通过验证，3条假设未通过验证（具体结果见表6.9）。本部分在上述研究的基础上，从创业生态系统的网络特性对新企业绩效的影响机制以及网络拼凑对新企业绩效的影响机制两个部分对研究结果进行讨论。

表6.9 假设检验结果统计

假设	结果
H1：关系异质性积极影响新企业绩效	通过
H2：关系多重性积极影响新企业绩效	通过
H3a：关系变化性积极影响新企业绩效	通过
H3b：关系变化性消极影响新企业绩效	未通过
H4：网络拼凑积极影响新企业绩效	通过
H5：关系异质性积极影响网络拼凑	通过
H6：网络拼凑在关系异质性与新企业绩效间具有中介作用	通过
H7：关系多重性积极影响网络拼凑	通过
H8：网络拼凑在关系多重性与新企业绩效间具有中介作用	通过
H9a：关系变化性积极影响网络拼凑	通过
H9b：关系变化性消极影响网络拼凑	未通过
H10：网络拼凑在关系变化性与新企业绩效间具有中介作用	通过
H11：潜在吸收能力积极影响新企业绩效	通过

第 6 章 实证分析与结果讨论

续表

假设	结果
H12：实际吸收能力积极影响新企业绩效	通过
H13：网络拼凑积极影响潜在吸收能力	通过
H14：潜在吸收能力在网络拼凑与新企业绩效间具有中介作用	通过
H15：网络拼凑与实际吸收能力存在倒"U"形曲线关系	未通过

资料来源：笔者根据数据分析结果整理得到。

6.3.1 网络特性对新企业绩效的影响机制分析

基于社会网络理论、社会认同理论以及资源拼凑的相关研究，本书构建创业生态系统中网络特性、网络拼凑与新企业绩效的关系模型，旨在探讨创业生态系统的网络特性对新企业绩效的影响机制。本部分主要从网络特性（关系异质性、关系多重性和关系变化性）对新企业绩效的影响，网络拼凑对新企业绩效的影响以及网络拼凑的中介作用对实证检验结果进行讨论。

1. 网络特性对新企业绩效的影响

根据社会网络理论，主体间的联系构成社会网络（Brass，1992），并为个体或组织间的资源交换提供媒介（Hoang and Antoncic，2003），网络特性的差异对网络行为产生重要影响，并由此引发不同的创业结果（Aldrich and Reese，1993；Johannisson et al.，1994；Hoang and Antoncic，2003；Roda and Galunic，2004）。基于此，本书提出关系异质性、关系多重性和关系变化性积极影响新企业绩效的研究假设。实证研究结果表明，关系异质性、关系多重性及关系变化性均对新企业绩效具有积极影响，研究假设H1、H2和H3a通过实证检验，关系变化性消极影响新企业绩效，研究假设H3b未通过实证检验。

（1）关系异质性对新企业绩效的影响。创业生态系统由多种类型的企业和非企业性质机构构成，这为新企业异质关系的搭建提供良好的环境。创业生态系统中新企业的关系异质性包括显性异质性和隐性异质性。一方面，新企业与创业生态系统中具有不同显性特征的企业或非企业性质机构建立联系。

如不同行业、所有制、规模和年限的企业以及政府、投资机构、高校和科研机构以及中介机构等非企业性质机构。不同类型的关系成员能够为新企业提供财务资源、市场资源、技术资源、人力资源等，帮助新企业克服资源约束，有助于新企业成功开发创业机会，提升新企业绩效。另一方面，新企业基于与创业生态系统中其他主体的各类认同形成关系的隐性异质性。如新企业因对其他主体存在资源、能力、行为规范、价值逻辑和共同目标等认同结成异质性关系。隐性异质性能够驱动多主体为达成共同的目标而行动，促进多主体间进行认知和信息等的互动，推动新企业识别、评估和利用创业机会，进而提升新企业绩效。

（2）关系多重性对新企业绩效的影响。创业生态系统中的新企业与其他主体进行多种内容的交换形成多重关系，关系多重性体现在主体间不同类型的网络关系以及网络成员间多种角色的重叠上。新企业与其他主体间不同类型的网络关系具有多种支持功能，能够帮助新企业解决多种难题，克服新生劣势，并能够加强主体间的稳定性，降低交易风险，进而有利于新企业绩效的提升。如在新企业与政府的多重关系中，新企业可以在政府的帮助下搭建与投资机构、高校和科研机构以及中介机构等的关系；政府出台的扶持政策能够为新企业解决资金短缺和行业竞争激烈等问题。此外，多重关系的网络成员扮演多种角色，新企业可以在多种角色中进行切换以提高战略行为的灵活性，推动新企业快速识别外部制度、市场以及技术的变动信息，拓宽组织间的沟通渠道，推动多种解决方案的提出，有利于新企业积极应对环境中的挑战，从而改善新企业绩效。

（3）关系变化性对新企业绩效的影响。创业生态系统在多主体的互动作用下实现自我维持。在此情况下，新企业需要在改变原有网络关系提升创业行为的灵活性和维持网络关系的前提下为保障经济交易的稳定性做出权衡。外部环境中制度、市场以及技术的快速变动能够为新企业带来新的创业机会。为避免错过机会的窗口期，新企业需要即刻行动，通过更换网络成员或搭建与其他主体的新关系调整网络关系，快速捕捉外部信息进行机会识别，推动主体间认知和信息的互动,不断完善和修正机会以完成对机会的评估,灵活匹配合适的资源利用机会,从而有效地提升新企业绩效。新企业可以通过与创业生态系统中其他主体搭建新的网络关系或更换网络关系的成员,改变原有网络的范围和性质,对外部环境的变化快速做出反应,寻找更匹配的资源提升新企业的应变能力,从而促进新企业的生存和成长。同时,关系范围和性质的变化会导致网络关系的不稳定、信息冗余以及网络成员间滋生矛盾和冲突,进而阻碍新企业的可持续发展。基于此,本书提出竞争性假设:关系变化性积极影响新企业绩效,关系变化性消极影响新企业绩效。

数据结果支持关系变化性对新企业绩效具有积极影响的研究假设(H3a),而关系变化性对新企业绩效具有消极影响的研究假设未通过实证检验(H3b)。本书认为,关系变化性对新企业绩效的消极影响不显著的原因可能与新企业处于动态变化的外部环境有关。当外部环境的不确定性程度较高时,新企业难以对未来环境的动态变化做出明确判断,进而加大企业的运营风险(Milliken,1987)。因此,新企业倾向于通过合作共同应对外部环境的机会和挑战,此时关系变化性对新企业绩效的消极作用不显著;当外部环境趋于稳定时,关系变化性对新企业绩效的消极影响便会逐渐显现。近年来,在外部环境的快速变化下,创业生态系统中的多主体就创业机会的开发达成行为逻辑共识,倾向于通过不断改变现有网络关系适应动态环境的变化,寻找更合适的合作伙伴满足动态的资源需求,从而促进协同发展,共同支撑创业生态系统的自我维持。基于此,当新企业对原有网络关系做出改变时,网络成员更愿意接受网络变动的决策,帮助新主体快速融入网络关系,而不是排斥新网络成员的加入或网络结构的变化。新企业通过调整现有网络关系促进主体间的互动,帮助新企业筛选外部有价值的信息,识别和评估新的创业机会,匹配合理的资源以完成对机会的利用,从而推动基于多主体互动的机会开发。因此,关系变化性对新企业绩效的消极影响不显著。

2. 网络拼凑对新企业绩效的影响

资源拼凑的行为逻辑引入创业领域后,众多学者热衷于从企业的手头资源出发，挖掘新企业生存及成长（Baker and Nelson, 2005; Fisher, 2012; Stenholm and Renko, 2016）。资源拼凑的思想在一定程度上拓展了企业成长理论提出的"使用相同资源获得不同企业产出"的过程机制（Baker and Nelson, 2005），同时能够弥补资源基础观对新企业异质性资源来源的理论解释空缺（Steffens, Senyard and Baker, 2009）。网络拼凑是新企业借助现有网络关系拼凑外部资源的重要方式（Baker, Miner and Eesley, 2003; Baker, 2007），能够帮助企业突破创建初期的资源约束，实现生存和早期成长。基于此，本书提出网络拼凑积极影响新企业绩效的研究假设，实证分析结果显示假设通过检验（H4）。

创业生态系统中新企业的初始资源禀赋中的网络资源优势驱动新企业采用以网络拼凑为主的资源拼凑方式，创业生态系统中多主体间的治理机制和功能逻辑对网络拼凑具有一定的促进和保障作用（Thomas and Autio, 2014）。通常情况下，新企业缺乏行业经验和合法性，自有资源相对匮乏（Stinchcombe, 1965; Navi and Glynn, 2010; Wiklund, Baker and Shepherd, 2010），难以满足经营生产的需要。而创业生态系统为新企业提供良好的外部资源环境，可以有效发挥资源的集聚效应。新企业通过搭建与政府、企业、投资机构、高校和科研机构以及中介机构的网络关系拼凑外部的多样化资源，并将外部资源转化为企业手头资源。新企业创造性地利用手头资源，通过反复地拆分、组合、编排、整理等形成多种资源组合并开发资源的新用途（Steffens, Senyard and Baker, 2009），解决新企业遇到的资源瓶颈问题，驱动新企业进一步发现和创造新的创业机会，促进新企业的可持续发展。因此，创业生态系统中新企业的网络拼凑行为能够积极影响新企业绩效。

3. 网络拼凑的中介作用

基于社会认同理论，组织认同是社会认同的一种重要的表现形式，组织认同基于成员间价值观、行为规范以及态度等的一致性驱动并调整自身的战略行为（Turner, 1982; Ashforth and Mael, 1989; Denhardt, 1987; Katz and Kahn, 1978）。在多主体间行为规范、共同目标以及价值逻辑等认同的推动下，新企业运用创业生态系统的网络特性进行网络拼凑行为,在此过程中,多主体参与并共同促进网络拼凑的实施。基于此,本书提出创业生态系统的网络特性积极影响网络拼凑的假设,结合网络特性积极影响新企业绩效以及网络拼凑积极影响新企业绩效的假设提出网络拼凑在网络特性与新企业绩效间具有中介作用。实证检验结果显示,关系异质性、关系多重性和关系变化性均积极影响网络拼凑(H5、H7、H9a),而关系变化性消极影响网络拼凑的研究假设未通过实证检验(H9b)。网络拼凑分别对关系异质性、关系多重性和关系变化性与新企业绩效间起中介作用得到数据支持(H6、H8、H10)。下面就网络拼凑在关系异质性与新企业绩效、关系多重性与新企业绩效以及关系变化性与新企业绩效间的中介作用分别进行讨论。

(1)网络拼凑在关系异质性与新企业绩效间起中介作用。在创业生态系统的情境下,新企业的异质性关系能够使企业连接不同的企业或非企业性质机构,不同主体的初始资源禀赋兼具资源优势和资源劣势,新企业可以通过异质性关系拼凑专业性和互补性资源,协同满足新企业动态变化的资源需求促进创业机会的开发,从而推动新企业绩效的提升。主体间的联系为新企业的网络拼凑提供多个渠道,拓宽网络拼凑的范围,有助于新企业利用现有网络关系、重组现有网络以及基于现有网络创造新的网络拼凑丰富的资源,满足由不同创业机会开发所产生的复杂多变的资源需求,从而成功开发创业机会以提高新企业存活率。同时,创业生态系统主体基于资源禀赋、创业能力、共同目标以及价值逻辑等进行相互认同和合作。新企业可以利用创业生态系统主体间基于不同方面相互认同的隐性异质性进行认知和信息互动,就企业遇到的资源瓶颈共同商讨如何利用现有网络关系、重组网络关系以及通过现有网络关系创造新的关系进行资源拼凑。主体间通过思维碰撞不断修改和完善资源拼凑方案,有助于对资源进行加工重组以达成目标,从而帮助新企业克服自身资源缺陷及外部环境的制约,有利于提升新企业绩效。可见,关系异质性通过积极影响网络拼凑可以提升新企业绩效。

(2)网络拼凑在关系多重性与新企业绩效间起中介作用。在创业生态系统浓厚创业氛围的作用下，主体通过交流和互动逐渐结成多重关系。如企业之间在原有的商业关系的基础上结成个体朋友关系，形成多重关系；竞争对手在相互博弈和了解的过程中产生合作意向，从而搭建既竞争又合作的多重关系。主体间的多重关系能够促使企业进行多种资源的交换，新企业可以直接利用现有多重关系拼凑所需资源，提高网络拼凑的效率，帮助新企业拼凑多样化的资源以解决复杂的问题和矛盾，有助于新企业绩效的提升。关系多重性能够通过主体间多种类型的网络关系的搭建稳固创业生态系统中新企业与其他主体的关系。稳定的关系能够长期地帮助新企业拼凑知识、信息等资源，保证网络拼凑活动的可持续性，有利于新企业的成长。此外，多重关系通常是基于多种资源交换建立的强关系，多重关系的成员双方能够传递更多的信息并进行更深入的交流、建立深厚的信任，当现有多重关系无法满足机会开发所需的资源时，关系成员能够帮助新企业重组现有网络关系或在现有网络关系的基础上创造新的网络关系，这在一定程度上可以降低时间成本，促进网络拼凑的进行，进而积极影响新企业绩效。因此，网络拼凑在关系多重性与新企业绩效间起中介作用。

（3）网络拼凑在关系变化性与新企业绩效间起中介作用。创业生态系统中的新企业通过与其他主体建立关系、扩大关系范围，促进网络拼凑并提升获得资源的丰富程度以解决外部环境中复杂动态的难题。新企业可以改变与原有主体的关系性质，如主体间由竞争关系变为合作关系，这有助于网络拼凑的实施，进而改善新企业绩效。然而，这种关系的变化可能造成网络内部治理的紊乱。新关系成员的加入可能会打破原有网络的治理机制，成员间需要重新进行任务分配并构建新的权利结构，这在一定程度上会延迟新企业的经营管理活动，从而抑制网络拼凑活动的进行。此外，关系变化性可能会增加关系搭建和维护的成本，从而提升网络拼凑的成本，不利于新企业绩效的提升。基于此，本书提出一对竞争假设，即关系变化性积极影响网络拼凑，关系变化性消极影响网络拼凑。在前文相关研究假设的基础上，本书提出网络拼凑在关系变化性与新企业绩效间具有中介作用。

数据结果显示，关系变化性对网络拼凑具有积极影响（H9a）通过实证检验，网络拼凑在关系变化性与新企业绩效间具有中介作用（H10）通过实证检验，关系变化性对网络拼凑具有消极影响的研究假设未通过实证检验（H9b）。本书分析认为，关系变化性消极影响网络拼凑未通过实证检验的原因可能与样本企业所处的行业有关。在本书的样本中，高科技企业的占比明显高于非高科技企业，即高科技行业的企业占比为60.1%，非高科技行业的企业占比为39.9%。高科技企业推出的产品或服务的创新性较高，需要配置多样化的异质性资源才能够成功开发（Yli-Renko et al., 2001），因而对网络拼凑渠道的要求相对较高。当关系发生变化时，企业仍以原有的网络关系拼凑互补性资源，而变化的网络关系难以改变高科技企业的网络拼凑行为。而非高科技企业网络拼凑的要求相对较低，关系变化对网络拼凑的影响相对较大，网络拼凑随着其关系的变化而变化。

6.3.2 网络拼凑对新企业绩效的影响机制分析

基于知识基础观以及网络拼凑和吸收能力的相关文献，本书构建创业生态系统中网络拼凑、吸收能力及新企业绩效的关系模型，旨在探讨创业生态系统中网络拼凑对新企业绩效的影响机制。本部分主要围绕吸收能力对新企业绩效的影响、潜在吸收能力的中介作用以及网络拼凑对实际吸收能力的影响展开讨论。

1. 吸收能力对新企业绩效的影响

知识基础观强调知识在企业生产运营过程中的关键作用，并强调利用知识的不对称性以及相关能力的差异解释企业间绩效差异的问题（Conner and Prahalad, 1996; Grant, 1996; Kogut and Zander, 1996; Spender, 1996; Volberda, Fos and Lyles, 2010; Decarolis and Deeds, 1999）。新企业大多面临知识体系尚不健全，无法灵活应对外部制度变革、市场竞争以及技术更新等动态变化的问题。因此，涉及知识的获取、同化、转化和利用的吸收能力对新企业的生存和成长至关重要。Zahra和George（2002）将知识的获取和同化能力归结为潜在吸收能力，将知识的转化和利用能力提炼为实际吸收能力。据此，本书提出潜在吸收能力和实际吸收能力对新企业绩效具有积极影响的假设，实证数据分析结果显示，上述研究假设（H11、H12）通过检验。

（1）潜在吸收能力对新企业绩效的影响。创业生态系统中的新企业在与其他主体的互动过程中获取和同化新知识以提升潜在吸收能力。新企业通过与创业生态系统内主体的互动获取外部知识扩充知识储备，再对获取的知识进行分析和理解完成知识的同化，搭建新知识与原有知识的桥梁以提高新企业解决问题的能力，从而有利于改善新企业绩效。潜在吸收能力通过丰富新企业的知识存量提升企业经营管理活动的战略灵活性，从而帮助新企业快速适应外部环境的变化，并通过不断积累经验降低企业经营活动的相关成本，推动新企业内部的改革和创新。此外，新企业通过获取并同化新知识提高对创业机会的警觉性，捕捉外部制度、市场和技术变动产生的信息进而识别新的创业机会，有利于新企业的进一步发展。

（2）实际吸收能力对新企业绩效的影响。实际吸收能力通过对知识进行转化和利用发挥知识的战略价值，进而改善新企业绩效。新企业与创业生态系统中其他主体进行认知和信息等互动，有利于企业融合内外部知识应用于创业机会开发的过程。基于此，新企业可以通过不断开发和完善组织惯例，促进外部新知识在组织内部各单元的流转和试验，删除与企业内部管理不匹配的知识，从而将外部的新知识转化为可被企业利用的内部知识。此外，知识利用是在外部知识内化后基于新的知识组合创造价值的过程，其能够体现知识的实际效用。新企业将从外部环境中获取、同化和转化的知识应用于企业商业化活动，如新产品或服务的开发、新市场准入和竞争对手分析等。基于实际吸收能力将新知识应用于机会识别、评估和利用，可以帮助新企业成功开发创业机会，从而对新企业绩效产生积极影响。

2. 潜在吸收能力的中介作用

根据知识基础观和资源拼凑的理论逻辑，新企业的网络拼凑行为向新企业绩效转化的过程中离不开知识。新企业基于现有网络拼凑其他主体的资源的同时，通过资源和认知等互动获取新知识，理解并思考新知识与原有知识的整合方式，激发新的创意，促进新创业机会的识别和已有机会的利用，有利于新企业的可持续发展。基于此，本书提出网络拼凑积极影响潜在吸收能力（H13）的假设，结合网络拼凑积极影响新企业绩效以及潜在吸收能力积极影响新企业绩效的研究假设，本书提出潜在吸收能力在网络拼凑与新企业绩效间具有中介作用（H14）的假设。数据结果显示，研究假设H13和H14均通过实证检验。

通过对已有创业研究发现，机会和资源是创业研究领域中不可或缺的因素（Shane and Venkataraman，2000；Sirmon，Hitt and Ireland，2007；Ardichvili，Cardozo and Ray，2003；Haynie，Shepherd and Mcmullen，2009），新企业的创业行为是整合机会—资源一体化的行为（葛宝山等，2015；王玲等，2017；蔡莉，葛宝山和蔡义茹，2019）。创业生态系统中新企业的网络拼凑活动不仅体现主体对互补性资源的整合，同样体现主体对创业机会的认知互动。主体间的网络拼凑是为了更好地服务于机会开发，而知识是主体资源互动向机会互动传导的媒介。新企业通过对现有网络进行组合利用，拼凑其他主体的互补性资源，开拓主体间交流和沟通的渠道，有利于知识的流动和传输。主体间通过资源互动产生的知识能够很好地服务于主体间的认知互动，新企业基于对新知识的获取和同化促进新初始创意的产生，新企业通过与其他主体进行质询不断更新和完善初始创意，有利于新企业进一步地对机会进行开发，从而提高新企业的创业成功率。资源互动促进新知识的获取和同化，进而带动主体对创业机会的认知互动，有利于新企业完成机会识别、评估和利用，进而提升新企业绩效。综上，新企业通过与其他主体进行网络拼凑提升对知识的潜在吸收能力，进而提升新企业绩效。

3. 网络拼凑对实际吸收能力的影响

网络拼凑能够创造性地利用网络渠道拼凑的资源，激发企业内部的创新动力，提升企业内部的知识转化和利用的能力，从而使企业开发独特的产品和服务，但拼凑所得的方案往往是应急方案，而非最佳方案（Senyard, Baker and Davidsson, 2011; Baker, Miner and Eesley, 2003; Miner, Bassoff and Moorman, 2001）。新企业很难实现最优的资源配置，推出的产品和服务仅能维持企业生存和早期成长，过度依赖拼凑容易引发产品质量低和缺乏市场竞争力等一系列问题（Senyard, Baker and Nelson, 2009; Sonenshein, 2014），限制新知识的转化和利用、阻碍实际吸收能力的提升。也就是说，网络拼凑能在一定程度上促进知识的转化和利用，但过度依赖网络拼凑会阻碍实际吸收能力的进一步提升。基于此，本书提出网络拼凑与实际吸收能力存在倒"U"形曲线关系的假设。然而，该研究假设未通过实证检验（H15）。为进一步探究网络拼凑对新企业绩效的影响，本书对网络拼凑与实际吸收能力的关系进行进一步检验，发现网络拼凑对实际吸收能力具有显著的积极影响（$\beta=0.180$, $P<0.001$）。产生这一结果的原因可能是与本书样本企业所处的地理区域有关。本书的样本选自中国创业活跃程度较高的北京和深圳，这里聚集了大量不同类型的创业企业，如初次创业企业、连续创业企业、公司创业企业、社会创业企业等，以及创业支持机构，如投资机构、高校和科研机构及创业服务机构等。在浓厚的创业氛围影响下，创业者相互沟通和交流经验，推动新企业在逆境中不断探索和创新。新企业在创建初期面临资源短缺、经验不足以及合法性缺乏等问题，选择网络拼凑的方式而推出产品和服务，并不断试验和创新以优化网络拼凑的效果。在此过程中，尽管前期的产品和服务质量有待提高，新企业仍然努力持续地将从外部获取和同化的知识转化为企业内部知识，进而应用于机会开发，这在一定程度上弥补了网络拼凑的负面效应。基于此，本书创业生态系统中的新企业能够采取不同的网络拼凑方式，不断加强知识转化和利用能力，进而使实际吸收能力得以不断提升。同时，样本特征的统计结果显示，被访者的受教育程度普遍较高，大多为本科及以上学历（84.4%）。高学历的创业者或高管团队拥有更多的知识资源，通过将已有知识进行整理、编排和分析，能够产生一系列的新知识转化方案，有利于新企业将外部获得的新知识更好地与现有知识进行融合，并应用于企

业产品和服务开发，进而实际吸收能力得到进一步提升。因此，被访者的受教育程度能够弥补过度依赖网络拼凑对知识转化和应用能力导致的阻碍，网络拼凑能够积极影响实际吸收能力。

6.4 对新企业或创业者的启示

随着"双创"经济时代的到来，创业者、创业行为以及创业环境发生了一系列变化并呈现新的特点。创业生态系统为新时代的创业者提供良好的支持环境，多主体构建资源池的同时不断创造新的创业机会，新企业在创业生态系统多主体的互动作用下采用独特的创业行为改善新企业绩效。创业生态系统帮助新企业提升绩效以及新企业利用创业生态系统的良性土壤改善绩效，进而正反馈于创业生态系统的可持续发展既是亟待解答的现实问题，也是值得深入探究的理论问题。

本书立足于中国创业生态系统的研究情境，一方面，从网络视角出发，分别探讨创业生态系统中关系异质性、关系多重性以及关系变化性如何影响新企业绩效和网络拼凑的中介作用；另一方面，从知识视角出发，分析新企业如何采用不同的网络拼凑方式提升吸收能力，进而改善新企业绩效。本书为新企业或创业者利用创业生态系统中与其他主体的网络关系促进创业产出提供理论指导和实践启示。

1. 创业生态系统的网络特性是提升新企业绩效的重要因素之一

创业生态系统是由企业及非企业机构构成的有机整体，主体间通过互动产生集聚效应，共同支撑区域创业活动的进行。在这一过程中，创业生态系统多主体间形成复杂的交互网络，新企业嵌入的多元网络呈现多种特性。首先，创业生态系统中新企业网络关系具有异质性，新企业连接政府、大企业、投资机构、高校和科研机构以及中介机构等多个主体，每一类主体包含不同的类型；创业生态系统中新企业的网络关系具有多重性，新企业在与其他主体的互动过程中扮演多种角色，主体之间形成多种类型的网络关系。其次，对创业生态系统中的新企业而言，其网络关系不断发生变化。为适应外部环境的变化和企业自身需求，新企业主动调整网络关系的范围和性质。新企业搭建新的网络关系以扩大关系范围，整合互补性资源以开发创业机会，或改变原有关系的性质，如与竞争者建立合作关系，与朋友建立商业关系等。

（1）关系异质性有助于提升新企业绩效。新企业通常面临资源匮乏、合法性缺失以及行业经验不足等劣势。为摆脱困境，新企业试图寻找能够解决上述问题的合作伙伴。然而，由于成立时间较短、市场份额不足和缺乏信用记录等问题，大企业或投资机构等其他主体往往不会与规模小且成立时间较短的新企业合作。创业生态系统搭建多主体集聚的互动平台，其中的主体扮演不同的角色，有明确的权力分配和任务协调机制。如为促进生态系统的可持续发展，平台构建者成为新企业与其他主体的连接者，帮助新企业搭建不同主体的异质性关系，为新企业提供整合资源渠道；投资机构向新企业输入财务资源；政府出台相关扶持政策并提出关系资源和市场资源等；高校和科研机构培养专业人才、推动技术进步等；中介机构为新企业提供专业的创业服务。因此，多个主体帮助新企业解决创建初期遇到的多种难题，在提高新企业生产经营管理效率的同时降低企业的运营成本，有助于提升新企业绩效。

（2）关系多重性有助于提升新企业绩效。创业生态系统的良性发展与多种类型创业机会的成功开发密不可分，多主体对已有机会的成功利用和对新机会的识别共同促进创业生态系统的可持续发展（Li and Garnsey, 2014; Overholm, 2015）。多重关系是主体间信息、知识、资源和认知交互的重要通道。在不同种类的机会开发过程中，关系成员扮演多种角色，成员间形成多种类型的网络关系。也就是说，每组多重关系具备多种支持功能（Cotton, Shen and Livne-Tarandach, 2011; Shipilov et al., 2014）。新企业通过扫描外部环境的制度、市场和技术等方面的变革，发现新的创业机会。依据发现型创业机会的需求，创业生态系统的网络成员进行多种类型的资源交换，形成多重网络关系，共同促进发现型机会的评估和利用。同时，创造型机会的开发得益于主体间的多重性，基于多主体的共同参与将初始创意转化为创业机会，主体通过认知互动、信息交换、知识共享和资源互补等交互活动确定需求实现机会共创。如智米与小米之间既存在个体层面的朋友关系，也存在组织层面的投资孵化关系，二者的多重关系共同促进智能环境电器产品的机会开发。智米创业者苏峻是小米联合创始人刘德在大学当老师时的老朋友，小米发现了空气净化器的创业机会但找不到合作团队的时候，刘德立即联系苏峻，经过组建团队、设计产品、把握品质以及打通供应链等活动，最终促进小米生态链上北京智米科技有限公司的创建。

（3）关系变化性有助于提升新企业绩效。创业生态系统中的新企业通过改变现有的网络关系适应外部环境的变动和企业内部的需求。因此，在多主体的互动作用下，新企业的网络关系随着需求的变动而发生动态变化。新企业主动调整自身网络关系旨在应对由外部环境的变化带来的机会和挑战，这种关系变化包括与新的主体搭建关系改变关系范围，或改变原有关系的性质等。同时，新企业可能会遭遇和被动接受与合作伙伴的关系变化，如合作伙伴解约、减少与新企业的业务合作。新企业寻找新的合作伙伴并建立新的关系，由被动的原关系破裂转为主动的新关系搭建以应对关系变动的突发情况。

2. 创业生态系统的网络特性有助于新企业依据自身资源禀赋和创业机会采用不同的网络拼凑类型

对于创业生态系统中的新企业而言，新企业嵌入多主体构建的网络结构，初始资源禀赋中具有的网络资源优势，驱动新企业进行基于网络关系的网络拼凑活动（Baker, Miner and Eesley, 2003; Baker, 2007; Steffens Baker and Senyard, 2010; 王玲 et al., 2017）。同时，多主体间的共享逻辑能够通过提升合法性、信任以及彼此认同（mutual awareness）明确各主体的身份，推动主体的交互作用（Scott, 2008; Thomas and Autio, 2014），进一步促进网络拼凑的进行。此外，创业生态系统的治理机制基于合理的任务分配和权力结构，协调生态系统内部主体间的活动以保障网络拼凑的平稳实施（Nambisan and Sawhney，2011）。综上，创业生态系统中新企业的资源拼凑方式以网络拼凑为主。

（1）创业生态系统的网络特性对网络拼凑具有促进作用。创业生态系统中的新企业与政府、企业、高校和科研机构以及中介机构等主体建立关系，异质性关系开拓了新企业的网络拼凑渠道，有利于新企业基于异质性关系拼凑多样化的资源，以满足不同的生产经营需要。新企业同异质性关系成员进行信息、知识和认知等方面的互动，激发新的创意和资源组合方案，促进新企业的网络拼凑活动。创业生态系统中主体间的共同目标、行为规范以及资源和能力方面的认知异质性驱动多主体搭建互利共赢的网络关系拼凑互补性资源，促进网络拼凑活动达成共同目标。多重性关系能够强化组织间的资本承诺（Aguilera and Jackson，2003），提高关系成员的退出成本，稳固新企业与其他主体间的网络关系，有利于网络拼凑的平稳进行。多重关系具备多种支持功能（Cotton，Shen and Livne-Tarandach，2011；Shipilov et al.，2014），每种功能为新企业提供不同的资源支持，从而丰富网络拼凑的资源种类，有助于新的资源组合方案的形成。主体间的多重关系能够带动新关系的搭建，关系多重性能够提升关系成员间的信任和依赖程度（Kenis and Knoke，2002），从而保障网络拼凑的可持续进行。此外，关系变化性促进新企业根据不同类型的创业机会采取相应的网络拼凑行动，提升网络拼凑的灵活性，有利于网络拼凑的顺利开展。

（2）新企业依据不同的创业机会选择不同的网络拼凑方式。新企业的创业活动是机会和资源动态匹配的过程（Ardichvili，Cardozo and Ray，2003；Haynie，Shepherd and Mcmullen，2009）。新企业从外部环境中捕捉信息进而发现或创造创业机会后，需要通过整合相应的资源推动机会开发活动。在此过程中，新企业遇到资源约束无法顺利开发创业机会，网络拼凑为新企业突破资源劣势提供启发和新的思路，新企业即刻行动，创造性地组合现有资源并输出应急策略，从而维持新企业创业初期的生存和促进早期成长（Baker and Nelson，2005）。已有研究发现，资源拼凑方式的选择与新企业的资源禀赋和机会开发过程密切相关（王玲等，2017）。对于具有国企背景的新能源汽车新企业而言，初始资源禀赋促进新企业采取手段导向型资源拼凑和社会网络型资源拼凑，通过手段导向型资源拼凑促进创业机会的识别，以社会网络型资源拼凑保障创业机会的成功利用进而构建竞争优势。基于"机会—资源"一体化，不同类型的机会开发产生不同的资源需求，因此，新企业依据不同类型的创业机会选择相应的网络拼凑方式对现有网络关系进行加工。已有研究发现，创业机会可以分为发现型机会和创造型机会两种（Alvarez，Barney and Anderson，2013），二者相互作用且同时存在于创业实践活动（Zahra，2008）。创业生态系统中的新企业机会开发主要涉及基于多主体互动的发现型机会开发和创造型机会开发。多主体互动的发现型机会开发是指，新企业从外部制度、市场和技术变动产生的信息中识别发现型机会，通过与政府、投资机构、高校和科研机构、大企业以及中介机构等主体进行信息和资源交互评估并利用创业机会（Shane and Venkataraman，2000；Ardichvili，Cardozo and Ray，2003；Wood and McKinley，2010）。在这一过程中，新企业可以选择网络加工较低的、利用现有网络进行资源拼凑和重组现有网络进行资源拼凑的网络拼凑方式支撑多主体的发现型机会开发。多主体互动的创造型机会开发是指，多主体进行信息和认知互动，通过多主体间的质询和评估将创意转化为创造型机会，整合其他主体的互补性资源完成机会的利用（Alvarez，Barney and Anderson，2013）。创造型机会的创新程度相对较高，开发难度大于发现型机会，因此对资源要求程度较高，需要有价值的、稀缺的、难以复制以及不可替代的异质性资源为多主体的机会共创提供保障，仅依赖新企业现有的网络关系或重组网络关系难以满足创造型机会开发的资源需求，因此，多主体间的创造型机会开发需要基于现有网络创造新的网络进行资源拼凑的网络拼凑方式得以实现。

综上，创业生态系统的网络特性可以促进新企业的网络拼凑活动，新企业需要根据自身初始资源禀赋和创业机会类型选择合适的网络拼凑方式。例如，新企业与其他主体进行发现型机会开发时，可以采用利用现有网络和重组现有网络进行资源拼凑；多主体共同开发创造型机会时，需要新企业基于现有网络创造新的网络进行资源拼凑。

3. 合理利用网络拼凑提升吸收能力是改善新企业绩效的重要途径

创业生态系统中新企业绩效的提升依赖于其对知识获取、同化、转化和利用的能力。创业生态系统中的新企业通过网络拼凑实现与其他主体的资源和认知互动，促进主体间的学习以推动知识的复制和扩散，进而提升新企业的知识吸收能力，有助于多主体发现和创造更多的创业机会，不断衍生新机会，构建创业生态系统的机会集，提高新企业的创业成功率。

企业是一个由显性知识和隐性知识的管理活动构成的动态系统，基于个体和组织层面的交互产生知识成果（Spender，1996）。网络拼凑通过提升知识获取和同化能力（潜在吸收能力），进而改善新企业绩效。网络拼凑能够促进创业生态系统中新企业与政府、投资机构、高校和科研机构以及中介机构等主体的互动作用，多主体在资源整合过程中的信息和知识交换，可以推动新企业与其他主体的沟通和学习，新企业在与其他主体互动的过程中积累的行业和市场经验有助于新企业获取知识，帮助其排除发展过程中遇到的障碍，有利于其绩效的提升。网络拼凑具有行动导向和不屈从于环境限制的特点，在这一过程中，新企业需要反复组合手头资源探寻解决方案，驱动新企业对外部新知识的获取。主体的认知互动有利于新企业对外部知识的进一步理解，提升新企业的知识同化能力。网络拼凑有助于新企业加深与其他企业的了解，提升信任度和亲密度（Senyard，2014），帮助新企业解读和理解新知识，产生新认识。同时，网络拼凑的思想体现在即刻行动、重组手头资源以应对外部环境中的挑战方面。面对外部环境压力时，新企业首先要充分发挥内部员工的创造性思维，提高对新知识的理解力，为知识的进一步转化和利用奠定基础。

企业是一个整合知识的机构，具有整合专业化知识并应用于产品和服务的功能（Grant，1996）。网络拼凑通过作用于知识转化和利用能力（实际吸收能力），进而积极影响新企业绩效。网络拼凑能够挖掘资源的独特组合方式，并充分发挥现有资源的最佳价值，企业需要汲取内外部的组合方案，将外部知识与内部知识相结合，网络拼凑的实施过程包含这种转化，多主体的认知互动有助于网络拼凑以及新知识的转化。同样地，网络拼凑能够促进知识的利用，将积累的知识和经验应用于创业机会的开发过程。新知识与原有知识的组合属于手头资源组合，网络拼凑通过将知识组合应用于商业化活动，推出独特的产品和服务，成功开发创业机会，提升新企业绩效。此外，网络拼凑可以在企业内部构建正式和非正式沟通机制，提升新企业知识的转化和利用的效率。正式机制由领导直接下达命令成立方案小组，在企业内部建立共享数据库，促进企业内部员工间的沟通和协作，有助于完善组织惯例，促进新知识的转化和利用。员工间的非正式沟通机制是，在共享价值观和行为规范等的基础上，形成对知识的看法和目标的一致性进而推动知识的转化和利用。综上所述，网络拼凑伴随着知识的转化和利用，有助于资源组合的产生和应用，从而改善新企业绩效。

6.5 本章小结

本章对相关研究假设进行大样本实证检验并对结果进行描述性统计、相关性分析以及多元回归分析。数据检验结果表明，创业生态系统的网络特性（关系异质性、关系多重性以及关系变化性）、网络拼凑和吸收能力（潜在吸收能力和实际吸收能力）均对新企业绩效具有积极影响；网络拼凑在网络特性与新企业绩效间具有中介作用；潜在吸收能力在网络拼凑与新企业绩效间具有中介作用。结合已有理论和相关研究文献，本书从网络特性对新企业绩效的影响机制和网络拼凑对新企业绩效的影响机制两个方面对研究结果进行阐释。上述实证分析结果对新企业或创业者具有重要的启示意义，即创业生态系统的网络特性是提升新企业绩效的关键力量之一，创业生态系统的网络特性有助于新企业依据自身资源禀赋和创业机会采用相应的网络拼凑类型，通过网络拼凑提升新企业的吸收能力，是改善新企业绩效的重要途径之一。

第7章 结论与展望

本章在理论分析、案例研究和实证检验的基础上,对创业生态系统中的网络特性、网络拼凑、吸收能力及新企业绩效关系的研究结论进行归纳和总结;基于已有理论和相关研究,阐明本书的创新点及理论贡献;提出本书的研究不足并对未来研究进行展望。

7.1 研究结论

本书以创业生态系统为研究情境,以创业生态系统中的新企业为研究对象,立足于创业实践和创业理论的不足,旨在提炼创业生态系统的网络特性,揭示创业生态系统的网络特性对新企业绩效的影响机制,分析网络拼凑和吸收能力的中介作用,从而挖掘创业生态系统对新企业成长的促进作用。在已有创业生态系统网络研究的基础上,本书基于创业生态系统的特性推导并提炼创业生态系统中新企业的网络关系特性(关系异质性、关系多重性和关系变化性)。本书遵循社会网络理论、社会认同理论和知识基础观的理论逻辑,结合创业生态系统及其网络关系、资源拼凑以及吸收能力的相关研究,提出创业生态系统的网络特性对新企业绩效影响的预测模型。本书选取北京中关村和深圳湾创业广场中的4家新企业进行探索性多案例分析进一步深化理论模型,构建创业生态系统中网络特性、网络拼凑、吸收能力与新企业绩效关系的理论模型。基于理论模型提出17个研究假设,对收集的163家新企业的326份有效问卷进行了实证分析,并得到最终检验结果,即14个假设通过实证检验、3个假设未通过实证检验。

基于此,本书的研究结论如下。创业生态系统中新企业的网络关系具有异质性、多重性和变化性;关系异质性、关系多重性和关系变化性均积极影响新企业绩效;关系异质性、关系多重性和关系变化性均积极影响网络拼凑;网络拼凑对新企业绩效具有积极影响;网络拼凑分别在关系异质性、关系多重性和关系变化性与新企业绩效间具有中介作用;网络拼凑积极影响潜在吸收能力和实际吸收能力;潜在吸收能力和实际吸收能力均对新企业绩效具有积极影响;潜在吸收能力在网络拼凑与新企业绩效间具有中介作用。

7.2 创新点

本书在系统梳理社会网络理论、社会认同理论和知识基础观等经典理论以及创业生态系统及其网络、资源拼凑和吸收能力等核心变量的相关研究的基础上,通过理论分析和探索性的多案例研究,进一步深化构念的内涵和维度以及构念的关系,构建创业生态系统中网络特性、网络拼凑、吸收能力以及新企业绩效关系的理论模型。采用问卷调查和实证分析的方法对提出的理论假设进行大样本检验,旨在弥补现有理论对创业生态系统中网络特性、网络拼凑、吸收能力及新企业绩效关系的研究不足。本书具有重要的理论贡献,具体反映在以下3个方面。

1. 本书针对社会网络理论及创业生态系统网络的研究缺口,提出创业生态系统的网络特性并开发其量表,有利于拓展社会网络理论的情境边界

社会网络理论强调网络关系在企业生存和发展过程中的重要作用,认为网络关系是企业获取资源的重要渠道(Granovetter, 1973, 1985; Lin, 1981;

Burt，1992；Birley，1985；Hoang and Antoncic，2003）。然而，社会网络理论主要用于研究一般情境下的企业网络关系，缺乏对创业生态系统这个独特情境下的网络特性的理论解释（Theodoraki，Messeghem and Rice，2018；Neumeyer and Santos，2018）。同时，网络视角下的创业生态系统尚处于起步阶段，部分学者对创业生态系统网络关系的特征进行了理论描述（Roundy，Bradshaw and Brockman，2018；Spigel and Harrison，2018；Kerrick et al.，2014），而从参与主体（新企业）的视角分析创业生态系统网络关系特性的研究较为匮乏（Alvedalen and Boschma，2017；Neumeyer et al.，2019）。

为弥补社会网络理论和创业生态系统网络的研究缺口，本书从网络的视角出发，以创业生态系统中的新企业为研究对象，采用理论分析和探索性多案例研究的方法总结和提炼创业生态系统的网络特性并对其量表进行开发。本书提出，创业生态系统的网络特性主要包括关系异质性、关系多重性以及关系变化性。在此基础上，本书结合关系异质性、关系多重性及关系变化性的已有研究，开发创业生态系统的网络特性的测量量表并应用于本书的实证研究，从而有助于填补社会网络理论对创业生态系统中新企业网络特性的研究空白，拓展社会网络理论的情境边界。

2. 本书立足于资源拼凑的相关研究，剖析网络拼凑的维度，有助于拓展网络拼凑行为的内核

网络拼凑作为资源拼凑的一种重要方式，逐渐取得学者的关注和认可。现有研究主要围绕网络拼凑的内涵进行界定，认为网络拼凑是基于现有网络关系的资源拼凑活动（Baker，Miner and Eesley，2003；Baker，2007；Duymedjian and Rüling，2010），是资源拼凑研究的新视角（Steffens，Baker and Senyard，2010；McKague and Oliver，2016）。然而，网络拼凑的已有研究尚处于理论探讨阶段，学者提出网络拼凑是资源拼凑的一种重要方式，论述网络拼凑对新企业克服资源和外部环境约束以实现成长的促进作用（Holt and Littlewood，2017；Tasavori，Kwong and Pruthi，2018），但学者尚未划分网络拼凑的维度、测量量表，对新企业如何运用网络拼凑提升创业产出等相关实

证研究也有待进一步的探索（Kannampuzha and Suoranta，2016；McKague and Oliver，2016）。

基于网络拼凑的理论缺口，本书通过系统梳理资源拼凑的研究文献，结合创业生态系统的共生性（网络结构、治理机制和共享逻辑）及网络拼凑的内涵，阐述创业生态系统中新企业的资源拼凑方式以网络拼凑为主的观点。通过理论分析并对创业生态系统中4家新企业的案例编码进行分析，提炼网络拼凑的3个维度，根据网络加工程度的不同将网络拼凑划分为利用现有网络进行资源拼凑、重组现有网络进行资源拼凑以及基于现有网络创造新的网络进行资源拼凑，这拓展了网络拼凑行为的内核，并发现新企业可以结合自身资源禀赋和不同类型的创业机会开发选择适合的网络拼凑方式。本书结合经文献梳理和案例分析提炼的网络拼凑维度，在Senyard、Baker and Davidsson（2009）编制的资源拼凑经典量表的基础上，将资源拼凑的题项归纳到网络拼凑的3个维度，并对相关题项进行修改和完善，经有效检验得到量表的信度和效度良好，最终形成网络拼凑的量表，再将量表应用于本书的实证研究以检验创业生态系统中网络特性、网络拼凑、吸收能力与新企业绩效的关系。这有助于弥补现有研究中网络拼凑测量量表以及相关实证研究的缺失，丰富网络拼凑的情境化研究，从而为未来网络拼凑的深入研究奠定一定的理论基础。

3. 本书基于网络视角构建创业生态系统中网络特性、网络拼凑、吸收能力与新企业绩效的关系模型，揭示创业生态系统中新企业绩效提升的内在机制

创业生态系统作为孕育新企业生存和成长的良性环境，成为创业管理领域的研究热点。现有研究主要围绕创业生态系统的内涵、构成、特征以及类型等展开（Cohen，2006；Isenberg，2010，2011；Mason and Brown，2014；Spigel，2015；蔡莉等，2016；Spigel，2017；Eckhardt et al.，2018）。近年来，学者呼吁从深层次挖掘创业生态系统创建和成长机制，探讨创业生态系统中主体的互动机制以及创业生态系统对新企业成长的影响等（Acs et al.，2017；Kuratko et al.，2017；Spigel and Harrison，2018）。创业生态系统是由多主体

构成的复杂巨系统，参与主体嵌入网络并相互连接（Isenberg，2011；Feld，2012；Spigel，2017），研究网络关系是探究创业生态系统内部主体互动的关键突破口之一。然而，少有学者从网络视角解答创业生态系统如何影响新企业以及新企业如何运用创业生态系统内部的网络优势实现生存和成长等问题（Alvedalen and Boschma，2017；Neumeyer and Santos，2018）。

基于此，本书从网络视角出发，基于社会网络理论、社会认同理论和知识基础观以及创业生态系统及其网络、资源拼凑和吸收能力的相关研究，遵循"特性—行为—能力—结果"的经典研究范式，构建创业生态系统中网络特性、网络拼凑、吸收能力与新企业绩效的关系模型。具体而言，本书的研究思路分为两个部分。一是揭示创业生态系统的网络特性对新企业绩效的作用机制。本书构建创业生态系统中网络特性、网络拼凑与新企业绩效的关系模型，分别探讨创业生态系统的网络特性（关系异质性、关系多重性和关系变化性）与新企业绩效的关系、网络拼凑与新企业绩效的关系、网络特性与网络拼凑的关系以及网络拼凑在网络特性与新企业绩效间的中介作用。二是打开网络拼凑对新企业绩效影响的"黑箱"。本书构建网络拼凑、吸收能力与新企业绩效的关系模型，分析吸收能力与新企业绩效的关系、网络拼凑与实际吸收能力的关系以及潜在吸收能力在网络拼凑与新企业绩效的中介作用。通过构建网络特性、网络拼凑、吸收能力与新企业绩效的关系模型填补已有文献对网络特性、网络拼凑、吸收能力与新企业绩效关系的研究空白，揭示创业生态系统中新企业绩效提升的内在机制。

7.3 研究不足与未来研究展望

本书探究创业生态系统对新企业生存及成长的独特作用，提炼创业生态系统的网络特性，构建创业生态系统中网络特性、网络拼凑、吸收能力与新

第 7 章 结论与展望

企业绩效的关系模型，分别探讨网络拼凑在网络特性与新企业绩效中的中介作用，以及吸收能力在不同维度对网络拼凑与新企业绩效关系的作用差异，旨在揭示创业生态系统中新企业绩效提升的内在机制。本书具有一定的现实意义和理论意义。但本书仍存在一些研究不足，需要未来做进一步的分析和探讨。

第一，本书的研究样本源于中国典型的创业生态系统，北京中关村和深圳湾创业广场，均在政府主导或引导下形成。其中，北京中关村在政府的大力推动和支持下逐步建立，由北京市政府设立机构——中关村科技园区管理委员会负责运营和管理。深圳湾创业广场是由国有企业深圳市投资控股有限公司打造的创新、创业、创投、创客"四创"联动主题街区，由子公司深圳湾科技发展有限公司负责协调管理。本书的研究数据并未涉及其他类型的创业生态系统，如由大企业构建的平台型生态系统等，因此本书的研究结论欠缺一定的普适性和推广性，有待于进行进一步验证。

第二，本书实证分析采用的数据为横截面数据，仅能够反映变量在某个时间节点上的特征，难以揭示相关变量的动态变化。依据生命周期理论，企业的特征、行为、能力以及产出均随时间的推移发生变化。虽然本书提出创业生态系统中新企业网络的关系范围和关系性质的变化性，试图弥补横截面数据的弊端，但在一个时间节点向被访者询问一段时间内网络关系的变化情况仍存在一定的局限性。基于此，未来需要学者针对企业的不同发展阶段探讨网络特性对新企业绩效影响的演化机制。

第三，创业领域的网络关系研究主要围绕网络内容、网络结构和网络治理3个方面展开（Hoang and Antoncic, 2003）。本书主要从网络内容的角度提出关系异质性、关系多重性和关系变化性，探讨新企业在创业生态系统网络内容特性的作用下推动网络拼凑的效果，对网络结构和网络治理方面的创业生态系统的网络特性研究有待进一步挖掘。未来的研究需要进一步探讨网络不对称性等网络结构和治理特性与网络拼凑及创业产出的关系。

第四，本书通过理论分析和案例研究提炼网络拼凑的3个维度，根据网络

创业生态系统的网络特性与新企业绩效

加工程度的不同,分为利用现有网络进行资源拼凑,重组现有网络进行资源拼凑以及基于现有网络创造新的网络进行资源拼凑。但本书在实证研究部分未针对网络拼凑的不同维度提出研究假设,分析创业生态系统的网络特性、不同维度下的网络拼凑、吸收能力及新企业绩效的关系。未来的研究需要进一步探索网络拼凑维度的相关实证研究,剖析创业生态系统的网络特性对不同维度网络拼凑的作用效果,以及不同维度的网络拼凑、吸收能力和新企业绩效间的差异。

◇ 参考文献

[1] ACS Z J, AUTIO E, SZERB L. National systems of entrepreneurship: Measurement issues and policy implications[J]. Research Policy, 2014, 43（1）: 476-494.

[2] ACS Z J, STAM E, AUDRETSCH D B, et al. The lineages of the entrepreneurial ecosystem approach[J]. Small Business Economics, 2017, 49（1）: 1-10.

[3] ADLER J H. Absorptive capacity: The concept and its determinants[M]. Brookings Institution, 1965.

[4] ADNER R, KAPOOR R. Value creation in innovation ecosystems: How the structure of technological interdependence affects firm performance in new technology generations[J]. Strategic Management Journal, 2010, 31（3）: 306-333.

[5] AGUILERA R V, JACKSON G. The cross-national diversity of corporate governance: Dimensions and determinants[J]. Academy of Management Review, 2003, 28（3）: 447-465.

[6] AHUJA G, LAMPERT M C. Entrepreneurship in the large corporation: A longitudinal study of how established firms create breakthrough inventions[J]. Strategic Management Journal, 2001, 22（6-7）: 521-543.

[7] ALBORT-MORANT G, LEAL-RODRÍGUEZ A L, DE MARCHI V. Absorptive capacity and relationship learning mechanisms as complementary drivers of green innovation performance[J]. Journal of Knowledge Management, 2018, 22（2）: 432-452.

[8] ALDRICH H E, REESE P R. Does networking pay off? A panel study of entrepreneurs in the research triangle[J]. Frontiers of Entrepreneurship Research, 1993: 325-339.

[9] ALDRICH H, ZIMMER C. Entrepreneurship through social networks: The art and science of entrepreneurship[M]. Cambridge: Ballinger Pub. Co., 1986.

[10] ALVAREZ S A, BARNEY J B, ANDERSON P. Forming and exploiting opportunities: The implications of discovery and creation processes for entrepreneurial and organizational research[J]. Organization Science, 2013, 24 (1): 301-317.

[11] ALVAREZ S A, BARNEY J B. Discovery and creation: Alternative theories of entrepreneurial action[J]. Strategic Entrepreneurship Journal, 2007, 1 (1-2): 11-26.

[12] ALVEDALEN J, BOSCHMA R. A critical review of entrepreneurial ecosystems research: Towards a future research agenda[J]. European Planning Studies, 2017, 25 (6): 887-903.

[13] AMABILE T M. A model of creativity and innovation in organizations[J]. Research in Organizational Behavior, 1988, 10 (1): 123-167.

[14] ANTONCIC B. Organizational processes in intrapreneurship: A conceptual integration[J]. Journal of Enterprising Culture, 2001, 9 (2): 221-235.

[15] ARDICHVILI A, CARDOZO R, RAY S. A theory of entrepreneurial opportunity identification and development[J]. Journal of Business Venturing, 2003, 18 (1): 105-123.

[16] ASHFORTH B E, MAEL F. Social identity theory and the organization[J]. Academy of Management Review, 1989, 14 (1): 20-39.

[17] ASHFORTH B E. Climate formation: Issues and extensions[J]. Academy of Management Review, 1985, 10 (4): 837-847.

[18] AUDIA P G, FREEMAN J H, REYNOLDS P D. Organizational foundings in community context: Instruments manufacturers and their interrelationship with other organizations[J]. Administrative Science Quarterly, 2006, 51 (3): 381-419.

[19] BAKER T, ALDRICH H E. Bricolage and resource-seeking: Improvisational responses to dependence in entrepreneurial firms[D]. Unpublished Paper, 2000.

[20] BAKER T, MINER A S, EESLEY D T. Improvising firms: Bricolage, account giving and improvisational competencies in the founding process[J]. Research Policy, 2003, 32 (2): 255-276.

[21] BAKER T, NELSON R E. Creating something from nothing: Resource construction through entrepreneurial bricolage[J]. Administrative Science Quarterly, 2005, 50 (3): 329-366.

[22] BAKER T. Resources in play: Bricolage in the toy store (y) [J]. Journal of Business Venturing, 2007, 22 (5): 694-711.

[23] BANTEL K A, JACKSON S E. Top management and innovations in banking: Does the composition of the top team make a difference? [J]. Strategic Management Journal, 1989, 10 (S1): 107-124.

[24] BARLEY S R. The alignment of technology and structure through roles and networks[J]. Administrative Science Quarterly, 1990, 35 (1): 61-103.

[25] BARNEY J. Firm resources and sustained competitive advantage[J]. Journal of Management, 1991, 17 (1): 99-120.

[26] BARON R A, TANG J. The role of entrepreneurs in firm-level innovation: Joint effects of positive affect, creativity, and environmental dynamism[J]. Journal of Business Venturing, 2011, 26 (1): 49-60.

[27] BARON R M, KENNY D A. The moderator-mediator variable distinction in social psychological research: Conceptual, strategic, and statistical considerations[J]. Journal of Personality and Social Psychology, 1986, 51 (6): 1173-1182.

[28] BARRON F, HARRINGTON D M. Creativity, intelligence, and personality[J]. Annual Review of Psychology, 1981, 32 (1): 439-476.

[29] BECKMAN C M, HAUNSCHILD P R, PHILLIPS D J. Friends or strangers? firm-specific uncertainty, market uncertainty, and network partner

selection[J]. Organization Science, 2004, 15 (3): 259-275.

[30] BECKMAN C M, HAUNSCHILD P R. Network learning: The effects of partners' heterogeneity of experience on corporate acquisitions[J]. Administrative Science Quarterly, 2002, 47 (1): 92-124.

[31] BECKMAN C M, SCHOONHOVEN C B, ROTTNER R M, et al. Relational pluralism in de novo organizations: Boards of directors as bridges or barriers to diverse alliance portfolios? [J]. Academy of Management Journal, 2014, 57 (2): 460-483.

[32] BERNARDEZ M, MEAD M. The power of entrepreneurial ecosystems extracting booms from busts[J]. PII Review, 2009, 2 (2): 12-45.

[33] BIRLEY S. The role of networks in the entrepreneurial process[J]. Journal of Business Venturing, 1985, 1 (1): 107-117.

[34] BOYNTON A C, ZMUD R W, JACOBS G C. The influence of IT management practice on IT use in large organizations[J]. MIS Quarterly, 1994, 18 (3): 299-318.

[35] BRASS D J, BUTTERFIELD K D, SKAGGS B C. Relationships and unethical behavior: A social network perspective[J]. Academy of Management Review, 1998, 23 (1): 14-31.

[36] BRASS D J. Being in the right place: A structural analysis of individual influence in an organization[J]. Administrative Science Quarterly, 1984, 29 (4): 518-539.

[37] BRASS D J. Power in organizations: A social network perspective[J]. Research in Politics and Society, 1992, 4 (1): 295-323.

[38] BROWN R, MASON C. Looking inside the spiky bits: A critical review and conceptualisation of entrepreneurial ecosystems[J]. Small Business Economics, 2017, 49 (1): 11-30.

[39] BRÜDERL J, PREISENDÖRFER P. Network support and the success of newly founded business[J]. Small Business Economics, 1998, 10 (3): 213-225.

[40] BURT R S. Corporate profits and cooptation: Networks of market constraints and directorate ties in the american economy[M]. New York: Academic Press, 1983.

[41] BURT R S. The contingent value of social capital[J]. Administrative Science Quarterly, 1997, 42(2): 339-365.

[42] BURTR S. Structural holes: The social structure of competition[M]. Harvard University Press, 1992.

[43] CAI L, HUGHES M, YIN M. The relationship between resource acquisition methods and firm performance in Chinese new ventures: The intermediate effect of learning capability[J]. Journal of small Business Management, 2014, 52 (3): 365-389.

[44] CARLSSON B, BRAUNERHJELM P, MCKELVEY M, et al. The evolving domain of entrepreneurship research[J]. Small Business Economics, 2013, 41 (4): 913-930.

[45] CARPENTER M A, WESTPHAL J D. The strategic context of external network ties: Examining the impact of director appointments on board involvement in strategic decision making[J]. Academy of Management Journal, 2001, 44 (4): 639-660.

[46] CARR J C, COLE M S, RING J K, et al. A measure of variations in internal social capital among family firms[J]. Entrepreneurship Theory and Practice, 2011, 35 (6): 1207-1227.

[47] CHAUDHARY S, BATRA S. Absorptive capacity and small family firm performance: Exploring the mediation processes[J]. Journal of Knowledge Management, 2018, 22 (6): 1201-1216.

[48] CHEN C J, HUANG J W. Strategic human resource practices and innovation performance—The mediating role of knowledge management capacity[J]. Journal of Business Research, 2009, 62 (1): 104-114.

[49] CHEN C J. The effects of knowledge attribute, alliance characteristics, and absorptive capacity on knowledge transfer performance[J]. R&D Management, 2004, 34

(3): 311-321.

[50] CHURCHILL JR G A. A paradigm for developing better measures of marketing constructs[J]. Journal of Marketing Research, 1979, 16(1): 64-73.

[51] CLARYSSE B, WRIGHT M, BRUNEEL J, et al. Creating value in ecosystems: Crossing the chasm between knowledge and business ecosystems[J]. Research Policy, 2014, 43(7): 1164-1176.

[52] COBEÑA M, GALLEGO Á, CASANUEVA C. Heterogeneity, diversity and complementarity in alliance portfolios[J]. European Management Journal, 2017, 35(4): 464-476.

[53] COHEN B. Sustainable valley entrepreneurial ecosystems[J]. Business Strategy and the Environment, 2006, 15(1): 1-14.

[54] COHEN W M, LEVINTHAL D A. Absorptive capacity: A new perspective on learning and innovation[J]. Administrative Science Quarterly, 1990, 35(1): 128-152.

[55] COHEN W M, LEVINTHAL D A. Fortune favors the prepared firm[J]. Management Science, 1994, 40(2): 227-251.

[56] COHEN W M, LEVINTHAL D A. Innovation and learning: The two faces of R&D[J]. The Economic Journal, 1989, 99(397): 569-596.

[57] CONNER K R, PRAHALAD C K. A resource-based theory of the firm: Knowledge versus opportunism[J]. Organization Science, 1996, 7(5): 477-501.

[58] COTTON R D, SHEN Y, LIVNE-TARANDACH R. On becoming extraordinary: The content and structure of the developmental networks of major league baseball hall of famers[J]. Academy of Management Journal, 2011, 54(1): 15-46.

[59] COVIN J G, SLEVIN D P. A conceptual model of entrepreneurship as firm behavior[J]. Entrepreneurship Theory and Practice, 1991, 16(1): 7-26.

[60] CUERVO Á, RIBEIRO D, ROIG S. Entrepreneurship: Concepts, theory and perspective[M]. Berlin: Springer, 2007.

[61] CURLEY M, FORMICA P. University ecosystems design creative spaces for

start-up experimentation[M]. Cham: Springer, 2013.

[62] DAGHFOUS A. Absorptive capacity and the implementation of knowledge-intensive best practices[J]. S.A.M. Advanced Management Journal, 2004, 69(2): 21-27.

[63] DAHLSTROM R, INGRAM R. Social networks and the adverse selection problem in agency relationships[J]. Journal of Business Research, 2003, 56(9): 767-775.

[64] DAS T K, TENG B S. Between trust and control: Developing confidence in partner cooperation in alliances[J]. Academy of Management Review, 1998, 23(3): 491-512.

[65] DAVIDSSON P. The field of entrepreneurship research: Some significant developments[M]. Cham: Springer, 2016.

[66] DECAROLIS D M, DEEDS D L. The impact of stocks and flows of organizational knowledge on firm performance: An empirical investigation of the biotechnology industry[J]. Strategic Management Journal, 1999, 20(10): 953-968.

[67] DENHARDT R B. Images of death and slavery in organizational life[J]. Journal of Management, 1987, 13(3): 529-541.

[68] DESA G, BASU S. Optimization or bricolage? Overcoming resource constraints in global social entrepreneurship[J]. Strategic Entrepreneurship Journal, 2013, 7(1): 26-49.

[69] DESA G. Resource mobilization in international social entrepreneurship: Bricolage as a mechanism of institutional transformation[J]. Entrepreneurship Theory and Practice, 2012, 36(4): 727-751.

[70] DHANARAJ C, PARKHE A. Orchestrating innovation networks[J]. Academy of Management Review, 2006, 31(3): 659-669.

[71] DI DOMENICO M L, HAUGH H, TRACEY P. Social bricolage: The orizing social value creation in social enterprises[J]. Entrepreneurship Theory and Practice,

2010, 34 (4): 681-703.

[72] DUBINI P. The influence of motivations and environment on business start-ups: Some hints for public policies[J]. Journal of Business Venturing, 1989, 4 (1): 11-26.

[73] DUYMEDJIAN R, RÜLING C C. Towards a foundation of bricolage in organization and management theory[J]. Organization Studies, 2010, 31 (2): 133-151.

[74] DYER J H, SINGH H. The relational view: Cooperative strategy and sources of interorganizational competitive advantage[J]. Academy of Management Review, 1998, 23 (4): 660-679.

[75] ECKHARDT J T, CIUCHTA M P, CARPENTER M. Open innovation, information, and entrepreneurship within platform ecosystems[J]. Strategic Entrepreneurship Journal, 2018, 12 (3): 369-391.

[76] EDEWOR P, ABIMBOLA O H, AJAYI M P. An exploration of some sociological approaches to entrepreneurship[J]. European Journal of Business and Management, 2014, 6 (5): 18-24.

[77] EISENHARDT K M, GALUNIC D C. Coevolving at last, a way to make synergies work[J]. Harvard Business Review, 2000, 78 (1): 91.

[78] EISENHARDT K M. Building theories from case study research[J]. Academy of Management Review, 1989, 14 (4): 532-550.

[79] EISENHARDT K M. GRAEBNER M E. Theory building from cases: Opportunities and challenges[J]. Academy of Management Journal, 2007, 50 (1): 25-32.

[80] EISENHARDT K M. SANTOS F M. Knowledge-based view: A new theory of strategy[J]. Handbook of Strategy and Management, 2002, 1 (1): 139-164.

[81] ELIA G, MARGHERITA A, PETTI C. An operational model to develop technology entrepreneurship "EGO-System" [J]. International Journal of Innovation and Technology Management, 2016, 13 (5): 1640008.

[82] ENGELBERG J E, REED A V, RINGGENBERG M C. How are shorts informed? Short sellers, news, and information processing[J]. Journal of Financial Economics, 2012, 105(2): 260-278.

[83] ENGELMAN R M, FRACASSO E M, SCHMIDT S, et al. Intellectual capital, Absorptive capacity and product innovation[J]. Management Decision, 2017, 55(3): 474-490.

[84] FANG Y, FRANCIS B, HASAN I. More than connectedness - heterogeneity of CEO social network and firm value[J]. Bank of Finland Research Discussion Paper, 2012(26): 1-56.

[85] FELD B. Startup communities: Building an entrepreneurial ecosystem in your city[M]. John Wiley and Sons, 2012.

[86] FELDMAN M, ZOLLER T D. Dealmakers in place: Social capital connections in regional entrepreneurial economies[J]. Regional Studies, 2012, 46(1): 23-37.

[87] FELIN T, HESTERLY W S. The knowledge-based view, nested heterogeneity, and new value creation: Philosophical considerations on the locus of knowledge[J]. Academy of Management Review, 2007, 32(1): 195-218.

[88] FERRARY M, GRANOVETTER M. The role of venture capital firms in Silicon Valley's complex innovation network[J]. Economy and Society, 2009, 38(2): 326-359.

[89] FISHER G. Effectuation, causation, and bricolage: A behavioral comparison of emerging theories in entrepreneurship research[J]. Entrepreneurship Theory and Practice, 2012, 36(5): 1019-1051.

[90] FOSFURI A, TRIBÓ J A. Exploring the antecedents of potential absorptive capacity and its impact on innovation performance[J]. Omega, 2008, 36(2): 173-187.

[91] FOSS L, HENRY C, AHL H, et al. Women's entrepreneurship policy research: A 30-year review of the evidence[J]. Small Business Economics, 2018, 53(2): 1-21.

［92］FRAIBERG S. Start-up nation: Studying transnational entrepreneurial practices in Israel's start-up ecosystem[J]. Journal of Business and Technical Communication, 2017, 31（3）: 350-388.

［93］GARGIULO M. Two-step leverage: Managing constraint in organizational politics[J]. Administrative Science Quarterly, 1993, 38（1）: 1-19.

［94］GARUD R, KARNØE P. Bricolage versus breakthrough: Distributed and embedded agency in technology entrepreneurship[J]. Research Policy, 2003, 32（2）: 277-300.

［95］GARUD R, NAYYAR P R. Transformative capacity: Continual structuring by intertemporal technology transfer[J]. Strategic Management Journal, 1994, 15（5）: 365-385.

［96］GAWER A, PHILLIPS N. Institutional work as logics shift: The case of Intel's transformation to platform leader[J]. Organization Studies, 2013, 34（8）: 1035-1071.

［97］GEDAJLOVIC E, HONIG B, MOORE C B, et al. Social capital and entrepreneurship: A schema and research agenda[J]. Entrepreneurship Theory and Practice, 2013, 37（3）: 455-478.

［98］GEORGE G, ZAHRA S A, WHEATLEY K K, et al. The effects of alliance portfolio characteristics and absorptive capacity on performance: A study of biotechnology firms[J]. The Journal of High Technology Management Research, 2001, 12（2）: 205-226.

［99］GOPALAKRISHNAN S, SCILLITOE J L, SANTORO M D. Tapping deep pockets: The role of resources and social capital on financial capital acquisition by biotechnology firms in biotech-pharma alliances[J]. Journal of Management Studies, 2008, 45（8）: 1354-1376.

［100］GOSWAMI K, MITCHELL J R, BHAGAVATULA S. Accelerator expertise: Understanding the intermediary role of accelerators in the development of the Bangalore entrepreneurial ecosystem[J]. Strategic Entrepreneurship Journal, 2018, 12（1）: 117-150.

［101］GRANOVETTER M S. The strength of weak ties[M]. Academic Press, 1973.

［102］GRANOVETTER M. Economic action and social structure: The problem of embeddedness[J]. American Journal of Sociology, 1985, 91（3）: 481-510.

［103］GRANT R M, BADEN-FULLER C. A knowledge-based theory of inter-firm collaboration[C]. Academy of Management Proceedings, 1995.

［104］GRANT R M. Prospering in dynamically-competitive environments: Organizational capability as knowledge integration[J]. Organization Science, 1996, 7（4）: 375-387.

［105］GRANT R M. Toward a knowledge-based theory of the firm[J]. Strategic Management Journal, 1996, 17（S2）: 109-122.

［106］GREVE A, SALAFF J W. Social networks and entrepreneurship[J]. Entrepreneurship Theory and Practice, 2003, 28（1）: 1-22.

［107］GRIMM C M, SMITH K G. Research notes and communications management and organizational change: A note on the railroad Industry[J]. Strategic Management Journal, 1991, 12（7）: 557-562.

［108］GRONLUND N E, LINN R L. Measurement and evaluation in teaching[M]. New York: Macmillan, 1990.

［109］GULATI R, KILDUFF M, LI S et al. The relational pluralism of individuals, teams, and organizations[J]. Academy of Management Journal, 2010, 53（5）: 1210-1211.

［110］GULATI R, LAVIE D, MADHAVAN R R. How do networks matter? The performance effects of interorganizational networks[J]. Research in Organizational Behavior, 2011（31）: 207-224.

［111］GULATI R, WESTPHAL J D. Cooperative or controlling? The effects of CEO-board relations and the content of interlocks on the formation of joint ventures[J]. Administrative Science Quarterly, 1999, 44（3）: 473-506.

[112] GULATI R. Does familiarity breed trust? The implications of repeated ties for contractual choice in alliances[J]. Academy of Management Journal, 1995, 38 (1): 85-112.

[113] GULATI R. Social structure and alliance formation patterns: A longitudinal analysis[J]. Administrative Science Quarterly, 1995, 40 (4): 619-652.

[114] GUNDRY L K, KICKUL J R, GRIFFITHS M D, et al. Entrepreneurial bricolage and innovation ecology: Precursors to social innovation? [J]. Frontiers of Entrepreneurship Research, 2011, 31 (19): 659-673.

[115] GUO H, SU Z, AHLSTROM D. Business model innovation: The effects of exploratory orientation, opportunity recognition, and entrepreneurial bricolage in an emerging economy[J]. Asia Pacific Journal of Management, 2016, 33 (2): 533-549.

[116] HALL D T, SCHNEIDER B, NYGREN H T. Personal factors in organizational identification[J]. Administrative Science Quarterly, 1970, 15 (2): 176-190.

[117] HALME M, LINDEMAN S, LINNA P. Innovation for inclusive business: Intrapreneurial bricolage in multinational corporations[J]. Journal of Management Studies, 2012, 49 (4): 743-784.

[118] HAMILTON D L. Cognitive processes in stereotyping and intergroup behavior[M]. Psychology Press, 1981.

[119] HANNAN M T, FREEMAN J. Structural inertia and organizational change[J]. American Sociological Review, 1984, 49 (2): 149-164.

[120] HANSEN E L. Entrepreneurial networks and new organization growth[J]. Entrepreneurship Theory and Practice, 1995, 19 (4): 7-19.

[121] HARGADON A, SUTTON R I. Technology brokering and innovation in a product development firm[J]. Administrative Science Quarterly, 1997, 42 (4): 716-749.

[122] HAYEK F A. The use of knowledge in society[J]. The American Economic

review, 1945, 35（4）: 519-530.

[123] HAYNIE J M, SHEPHERD D A, MCMULLEN J S. An opportunity for me? The role of resources in opportunity evaluation decisions[J]. Journal of Management Studies, 2009, 46（3）: 337-361.

[124] HAYTER C S. A trajectory of early-stage spinoff success: The role of knowledge intermediaries within an entrepreneurial university ecosystem[J]. Small Business Economics, 2016, 47（3）: 633-656.

[125] HEELEY M. Appropriating rents from external knowledge: The impact of absorptive capacity on firm sales growth and research productivity[J]. Frontiers of Entrepreneurship Research, 1997, 17: 390-404.

[126] HENDERSON R, COCKBURN I. Measuring competence? Exploring firm effects in pharmaceutical research[J]. Strategic Management Journal, 1994, 15（S1）: 63-84.

[127] HENNART J F, KIM D J, ZENG M. The impact of joint venture status on the longevity of Japanese stakes in US manufacturing affiliates[J]. Organization Science, 1998, 9（3）: 382-395.

[128] HILLMAN A J, DALZIEL T. Boards of directors and firm performance: Integrating agency and resource dependence perspectives[J]. Academy of Management Review, 2003, 28（3）: 383-396.

[129] HOANG H, ANTONCIC B. Network-based research in entrepreneurship: A critical review[J]. Journal of Business Venturing, 2003, 18（2）: 165-187.

[130] HOLT D, LITTLEWOOD D. Waste livelihoods amongst the poor-through the lens of bricolage[J]. Business Strategy and the Environment, 2017, 26（2）: 253-264.

[131] HOOI H C, AHMAD N H, AMRAN A, et al. The functional role of entrepreneurial orientation and entrepreneurial bricolage in ensuring sustainable entrepreneurship[J]. Management Research Review, 2016, 39（12）: 1616-1638.

[132] HUBER G P. Organizational learning: The contributing processes and the literatures[J]. Organization Science, 1991, 2 (1): 88-115.

[133] IBARRA H, KILDUFF M, TSAI W. Zooming in and out: Connecting individuals and collectivities at the frontiers of organizational network research[J]. Organization Science, 2005, 16 (4): 359-371.

[134] IBARRA H. RACE, opportunity, and diversity of social circles in managerial networks[J]. Academy of Management Journal, 1995, 38 (3): 673-703.

[135] ISENBERG D J. How to start an entrepreneurial revolution[J]. Harvard Business Review, 2010, 88 (6): 40-50.

[136] ISENBERG D J. The entrepreneurship ecosystem strategy as a new paradigm for economic policy: Principles for cultivating entrepreneurship[C]. Presentation at the Institute of International and European Affairs, 2011.

[137] JANSEN J J P, VAN DEN BOSCH F A J, VOLBERDA H W. Exploratory innovation, exploitative innovation, and performance: Effects of organizational antecedents and environmental moderators[J]. Management Science, 2006, 52 (11): 1661-1674.

[138] JANSEN J J P, VAN DEN BOSCH F A J, VOLBERDA H W. Managing potential and realized absorptive capacity: How do organizational antecedents matter? [J]. Academy of Management Journal, 2005, 48 (6): 999-1015.

[139] JIMÉNEZ-BARRIONUEVO M M, GARCÍA-MORALES V J, MOLINA L M. Validation of an instrument to measure absorptive capacity[J]. Technovation, 2011, 31 (5-6): 190-202.

[140] JOHANNISSON B, ALEXANDERSON O, NOWICKI K, et al. Beyond anarchy and organization: Entrepreneurs in contextual networks[J]. Entrepreneurship & Regional Development, 1994, 6 (4): 329-356.

[141] JONES C, HESTERLY W S, BORGATTI S P. A general theory of network governance: Exchange conditions and social mechanisms[J]. Academy of Management

Review, 1997, 22 (4): 911-945.

[142] JUDD C M, KENNY D A. Process analysis: Estimating mediation in treatment evaluations[J]. Evaluation Review, 1981, 5 (5): 602-619.

[143] JUNG K, EUN J H, LEE S H. Exploring competing perspectives on government-driven entrepreneurial ecosystems: Lessons from centres for creative economy and innovation (CCEI) of South Korea[J]. European Planning Studies, 2017, 25 (5): 827-847.

[144] KANNAMPUZHA M J, SUORANTA M. Bricolage in the marketing efforts of a social enterprise[J]. Journal of Research in Marketing and Entrepreneurship, 2016, 18 (2): 176-196.

[145] KAPOOR R, FURR N R. Complementarities and competition: Unpacking the drivers of entrants' technology choices in the solar photovoltaic industry[J]. Strategic Management Journal, 2015, 36 (3): 416-436.

[146] KATZ D, KAHN R L. The social psychology of organizations[M]. New York: Wiley, 1978.

[147] KAZANJIAN R K, DRAZIN R, GLYNN M A. Implementing strategies for corporate entrepreneurship: A knowledge-based perspective[J]. Strategic entrepreneurship: Creating a new mindset, 2017: 173-199.

[148] KENIS P, KNOKE D. How organizational field networks shape interorganizational tie-formation rates[J]. Academy of Management Review, 2002, 27 (2): 275-293.

[149] KERRICK S A, CUMBERLAND D, CHURCH-NALLY M, et al. Military veterans marching towards entrepreneurship: An exploratory mixed methods study[J]. The International Journal of Management Education, 2014, 12 (3): 469-478.

[150] KIHLSTROM R E, LAFFONT J J. A general equilibrium entrepreneurial theory of firm formation based on risk aversion[J]. Journal of Political Economy, 1979, 87 (4): 719-748.

[151] KILDUFF M, BRASS D J. Organizational social network research: Core ideas and key debates[J]. The Academy of Management Annals, 2010, 4 (1): 317–357.

[152] KIM L. Crisis construction and organizational learning: Capability building in catching-up at Hyundai Motor[J]. Organization Science, 1998, 9 (4): 506–521.

[153] KIM L. The dynamics of Samsung's technological learning in semiconductors[J]. California Management Review, 1997, 39 (3): 86–100.

[154] KIM T Y, OH H, SWAMINATHAN A. Framing interorganizational Network change: A network inertia perspective[J]. Academy of Management Review, 2006, 31 (3): 704–720.

[155] KIRZNER, I. Competition and entrepreneurship[M]. Chicago: University of Chicago Press, 1973.

[156] KIRZNER, I. Discovery and the capitalist process[M]. Chicago: University of Chicago Press, 1985.

[157] KIRZNER, I. Perception, opportunity and profit[M]. Chicago: University of Chicago Press, 1979.

[158] KNIGHT F H RISK. uncertainty and profit[M]. New York: Houghton Mifflin Company, 1921.

[159] KOGUT B, ZANDER U. Knowledge of the firm, combinative capabilities, and the replication of technology[J]. Organization Science, 1992, 3 (3): 383–397.

[160] KOSTOPOULOS K, PAPALEXANDRIS A, PAPACHRONI M, et al. Absorptive capacity, innovation, and financial performance[J]. Journal of Business Research, 2011, 64 (12): 1335–1343.

[161] KOTABE M, JIANG C X, MURRAY J Y. Examining the complementary effect of political networking capability with absorptive capacity on the innovative performance of emerging-market firms[J]. Journal of Management, 2017, 43 (4): 1131–1156.

[162] KOTABE M, JIANG C X, MURRAY J Y. Managerial ties, knowledge

acquisition, realized absorptive capacity and new product market performance of emerging multinational companies: A case of China[J]. Journal of World Business, 2011, 46(2): 166-176.

[163] KRACKHARDT D. Assessing the political landscape: Structure, cognition, and power in organizations[J]. Administrative Science Quarterly, 1990, 35(6): 342-369.

[164] KURATKO D F, FISHER G, BLOODGOOD J M, et al. The paradox of new venture legitimation within an entrepreneurial ecosystem[J]. Small Business Economics, 2017, 49(1): 119-140.

[165] LANE P J, KOKA B R, PATHAK S. The reification of absorptive capacity: A critical review and rejuvenation of the construct[J]. Academy of Management Review, 2006, 31(4): 833-863.

[166] LANE P J, LUBATKIN M. Relative absorptive capacity and interorganizational learning[J]. Strategic Management Journal, 1998, 19(5): 461-477.

[167] LANE P J, SALK J E, LYLES M A. Absorptive capacity, learning, and performance in international joint ventures[J]. Strategic Management Journal, 2001, 22(12): 1139-1161.

[168] LEONARDI P M. Activating the informational capabilities of information technology for organizational change[J]. Organization Science, 2007, 18(5): 813-831.

[169] LEONARDI P M. When does technology use enable network change in organizations? A comparative study of feature use and shared affordances[J]. MIS Quarterly, 2013, 37(3): 749-775.

[170] LEONG C M L, PAN S L, NEWELL S, et al. The emergence of self-organizing e-commerce ecosystems in remote villages of china: A tale of digital empowerment for rural development[J]. MIS Quarterly, 2016, 40(2): 475-484.

[171] LEVINTHAL D A, FICHMAN M. Dynamics of interorganizational attachments: Auditor-client relationships[J]. Administrative Science Quarterly, 1988,

33（3）: 345-369.

［172］LEVI-STRAUSS, C. The savage mind[M]. Chicago: University of Chicago press, 1967.

［173］LI H, ZHANG Y. The role of managers' political networking and functional experience in new venture performance: Evidence from China's transition economy[J]. Strategic Management Journal, 2007, 28（8）: 791-804.

［174］LI J F, GARNSEY E. Policy-driven ecosystems for new vaccine development[J]. Technovation, 2014, 34（12）: 762-772.

［175］LI Y R. The technological roadmap of Cisco's business ecosystem[J]. Technovation, 2009, 29（5）: 379-386.

［176］LIAO J, WELSCH H, STOICA M. Organizational absorptive capacity and responsiveness: An empirical investigation of growth - oriented SMEs[J]. Entrepreneurship Theory and Practice, 2003, 28（1）: 63-86.

［177］LIAO J, WELSCH H. Roles of social capital in venture creation: Key dimensions and research implications[J]. Journal of Small Business Management, 2005, 43（4）: 345-362.

［178］LICHTENSTEIN B B. Complexity science contributions to the field of entrepreneurship[M]. The Sage Handbook of Complexity and Management, 2011.

［179］LICHTENTHALER U. Absorptive capacity, environmental turbulence, and the complementarity of organizational learning processes[J]. Academy of Management Journal, 2009, 54（4）: 822-846.

［180］LIN C, TAN B, CHANG S. The critical factors for technology absorptive capacity[J]. Industrial Management & Data Systems, 2002, 102（6）: 300-308.

［181］LIN N. Building a network theory of social capital[M]. Routledge, 1981.

［182］LISSACK M R, LETICHE H. Complexity, emergence, resilience, and coherence: Gaining perspective on organizations and their study[J]. Emergence, A Journal of Complexity Issues in Organizations and Management, 2002, 4（3）: 72-94.

[183] LUMPKIN G T, DESS G G. Linking two dimensions of entrepreneurial orientation to firm performance: The moderating role of environment and industry life cycle[J]. Journal of Business Venturing, 2001, 16 (5): 429-451.

[184] MACK E, MAYER H. The evolutionary dynamics of entrepreneurial ecosystems[J]. Urban Studies, 2016, 53 (10): 2118-2133.

[185] MAEL F, ASHFORTH B E. Alumni and their alma mater: A partial test of the reformulated model of organizational identification[J]. Journal of Organizational Behavior, 1992, 13 (2): 103-123.

[186] MAEL F. Organizational identification: Construct redefinition and a field application with organizational alumni[D]. Unpublished Doctoral Dissertation, Detroit: Wayne State University, 1988.

[187] MARQUIS C. The pressure of the past: Network imprinting in intercorporate communities[J]. Administrative Science Quarterly, 2003, 48 (4): 655-689.

[188] MARSDEN P V. Homogeneity in confiding relations[J]. Social Networks, 1988, 10 (1): 57-76.

[189] MARSHALL, A. Principals of economics[M]. London: Macmillian, 1920.

[190] MASON C, BROWN R. Entrepreneurial ecosystems and growth oriented entrepreneurship[R]. Final Report to OECD, 2014.

[191] MATUSIK S F, HEELEY M B. Absorptive capacity in the software industry: Identifying dimensions that affect knowledge and knowledge creation activities[J]. Journal of Management, 2005, 31 (4): 549-572.

[192] MAURER I, EBERS M. Dynamics of social capital and their performance Implications: Lessons from biotechnology start-ups[J]. Administrative Science Quarterly, 2006, 51 (2): 262-292.

[193] MCADAM M, HARRISON R T, LEITCH C M. Stories from the field: Women's networking as gender capital in entrepreneurial ecosystems[J]. Small Business Economics, 2019, 53 (2): 459-474.

[194] MCDOUGALL P P, COVIN J G, ROBINSON JR R B, et al. The effects of industry growth and strategic breadth on new venture performance and strategy content[J]. Strategic Management Journal, 1994, 15 (7): 537–554.

[195] MCDOUGALL P P, OVIATT B M, SHRADER R C. A comparison of international and domestic new ventures[J]. Journal of International Entrepreneurship, 2003, 1 (1): 59–82.

[196] MCEVILY B, ZAHEER A. Bridging ties: A source of firm heterogeneity in competitive capabilities[J]. Strategic Management Journal, 1999, 20 (12): 1133–1156.

[197] MCKAGUE K, OLIVER C. Network bricolage as the reconciliation of indigenous and transplanted institutions in Africa[J]. Africa Journal of Management, 2016, 2 (3): 300–329.

[198] MCKELVEY M, ZARING O, LJUNGBERG D. Creating innovative opportunities through research collaboration: An evolutionary framework and empirical illustration in engineering[J]. Technovation, 2015, 39 (5): 26–36.

[199] MCMULLEN J S. Organizational hybrids as biological hybrids: Insights for research on the relationship between social enterprise and the entrepreneurial ecosystem[J]. Journal of Business Venturing, 2018, 33 (5): 575–590.

[200] MEYSKENS M, CARSRUD A L, CARDOZO R N. The symbiosis of entities in the social engagement network: The role of social ventures[J]. Entrepreneurship & regional Development, 2010, 22 (5): 425–455.

[201] MILANOV H, FERNHABER S A. The impact of early imprinting on the evolution of new venture networks[J]. Journal of Business Venturing, 2009, 24 (1): 46–61.

[202] MILLIKEN F J. Three types of perceived uncertainty about the environment: State, effect, and response uncertainty[J]. Academy of Management Review, 1987, 12 (1): 133–143.

[203] MINER A S, BASSOF P, MOORMAN C. Organizational improvisation and

learning: A field study[J]. Administrative Science Quarterly, 2001, 46 (2): 304-337.

[204] MOLECKE G, PINKSE J. Accountability for social impact: A bricolage perspective on impact measurement in social enterprises[J]. Journal of Business Venturing, 2017, 32 (5): 550-568.

[205] MOROZ P, HINDLE, K. Entrepreneurship as a process: Toward harmonizing multiple perspectives[J]. Entrepreneurship Theory and Practice, 2011, 36 (4): 781-818.

[206] MOTOYAMA Y, KNOWLTON K. Examining the connections within the startup ecosystem: A case study of St. Louis[J]. Entrepreneurship Research Journal, 2017, 7 (1): 1-32.

[207] MOWERY D C, OXLEY J E, SILVERMAN B S. Strategic alliances and interfirm knowledge transfer[J]. Strategic Management Journal, 1996, 17 (S2): 77-91.

[208] MOWERY D C, OXLEY J E. Inward technology transfer and competitiveness: The role of national innovation systems[J]. Cambridge Journal of Economics, 1995, 19 (1): 67-93.

[209] MUROVEC N, PRODAN I. Absorptive capacity, its determinants, and influence on innovation output: Cross-cultural validation of the structural model[J]. Technovation, 2009, 29 (12): 859-872.

[210] NAMBISAN S, BARON R A. Entrepreneurship in innovation ecosystems: Entrepreneurs' self-regulatory processes and their implications for new venture success[J]. Entrepreneurship Theory and Practice, 2013, 37 (5): 1071-1097.

[211] NAMBISAN S, SAWHNEY M. Making the most of the global brain for innovation[J]. International Commerce Review, 2009, 8 (2): 128-135.

[212] NAQSHBANDI M M. Managerial ties and open innovation: Examining the role of absorptive capacity[J]. Management Decision, 2016, 54 (9): 2256-2276.

[213] NAVIS C, GLYNN M A. How new market categories emerge: Temporal dynamics of legitimacy, identity, and entrepreneurship in satellite radio, 1990-

2005[J]. Administrative Science Quarterly, 2010, 55 (3): 439-471.

[214] NECK H M, MEYER G D, COHEN B, et al. An entrepreneurial system view of new venture creation[J]. Journal of Small Business Management, 2004, 42 (2): 190-208.

[215] NEUMEYER X, SANTOS S C, CAETANO A, et al. Entrepreneurship ecosystems and women entrepreneurs: a social capital and network approach[J]. Small Business Economics, 2019, 53 (2): 475-489.

[216] NEUMEYER X, SANTOS S C. Sustainable business models, venture typologies, and entrepreneurial ecosystems: A social network perspective[J]. Journal of Cleaner Production, 2018, 172 (1): 4565-4579.

[217] NEWBERT S L, TORNIKOSKI E T, QUIGLEY N R. Exploring the evolution of supporter networks in the creation of new organizations[J]. Journal of Business Venturing, 2013, 28 (2): 281-298.

[218] NONAKA I, TAKEUCHI H. The knowledge-creating company: How Japanese companies create the dynamics of innovation[M]. Oxford University press, 1995.

[219] NORMANN R, RAMIREZ R. From value chain to value constellation: Designing interactive strategy[J]. Harvard Business Review, 1993, 71 (4): 65-77.

[220] O'REILLY C A, CHATMAN J. Organizational commitment and psychological attachment: The effects of compliance, identification, and internalization on prosocial behavior[J]. Journal of Applied Psychology, 1986, 71 (3): 492-499.

[221] OSBORNE J W, COSTELLO A B. Sample size and subject to item ratio in principal components analysis[J]. Practical Assessment, Research & Evaluation, 2004, 9 (11): 8-16.

[222] OVERHOLM H. Collectively created opportunities in emerging ecosystems: The case of solar service ventures[J]. Technovation, 2015, 39 (5-6): 14-25.

[223] OWEN-SMITH J, POWELL W W. Knowledge networks as channels and conduits: The effects of spillovers in the Boston biotechnology community[J]. Organization

Science, 2004, 15 (1): 5-21.

[224] PATCHEN M. Participation, achievement and involvement on the job[M]. Englewood Cliffs: Prentice-hall, 1970.

[225] PATEL P C, TERJESEN S. Complementary Effects of network range and tie strength in enhancing transnational venture performance[J]. Strategic Entrepreneurship Journal, 2011, 5 (1): 58-80.

[226] PAVLOU P A, EL SAWY O A. From IT leveraging competence to competitive advantage in turbulent environments: The case of new product development[J]. Information Systems Research, 2006, 17 (3): 198-227.

[227] PENROSE E. The theory of the growth of the firm[M]. New York: Wiley, 1959.

[228] PERRINI F, VURRO C, COSTANZO L A. A process-based view of social entrepreneurship: From opportunity identification to scaling-up social change in the case of San Patrignano[J]. Entrepreneurship and Regional Development, 2010, 22 (6): 515-534.

[229] PFEFFER J, SALANCIK G R. The external control of organizations: A resource dependence perspective[M]. Stanford University Press, 2003.

[230] PHILLIPS N, TRACEY P. Opportunity recognition, entrepreneurial capabilities and bricolage: Connecting institutional theory and entrepreneurship in strategic organization[J]. Strategic Organization, 2007, 5 (3): 313-320.

[231] PODOLNY J M. Market uncertainty and the social character of economic exchange[J]. Administrative Science Quarterly, 1994: 458-483.

[232] PODSAKOFF P M, ORGAN D W. Self-reports in organizational research: Problems and prospects[J]. Journal of Management, 1986, 12 (4): 531-544.

[233] POLANYI M. The logic of tacit inference[J]. Philosophy, 1966, 41 (155): 1-18.

[234] REICHERS A E. An interactionist perspective on newcomer socialization

rates[J]. Academy of Management review, 1987, 12 (2): 278-287.

[235] RHEE J H. International expansion strategies of Korean venture firms: Entry mode choice and performance[J]. Asian Business & Management, 2008, 7 (1): 95-114.

[236] ROBERTS N, GALLUCH P S, DINGER M, et al. Absorptive capacity and information systems research: Review, synthesis, and directions for future research[J]. MIS Quarterly, 2012, 36 (2).

[237] RODAN S, GALUNIC C. More than network structure: How knowledge heterogeneity influences managerial performance and innovativeness[J]. Strategic Management Journal, 2004, 25 (6): 541-562.

[238] RODRÍGUEZ-SERRANO M Á, MARTÍN-ARMARIO E. Born-Global SMEs, performance, and dynamic absorptive capacity: Evidence from spanish firms[J]. Journal of Small Business Management, 2019, 57 (2): 298-326.

[239] ROGAN M. Executive departures without client losses: The role of multiplex ties in exchange partner retention[J]. Academy of Management Journal, 2014, 57 (2): 563-584.

[240] RÖNKKÖ M, PELTONEN J, ARENIUS P. Selective or parallel? Toward measuring the domains of entrepreneurial bricolage[M]. Emerald Group Publishing Limited, 2014.

[241] ROUNDY P T, BRADSHAW M, BROCKMAN B K. The emergence of entrepreneurial ecosystems: A complex adaptive systems approach[J]. Journal of Business Research, 2018 (86): 1-10.

[242] ROUNDY P T. Hybrid organizations and the logics of entrepreneurial ecosystems[J]. International Entrepreneurship and Management Journal, 2017, 13 (4): 1221-1237.

[243] SALIMATH M S, JONES III R J. Scientific entrepreneurial management: Bricolage, bootstrapping, and the quest for efficiencies[J]. Journal of Business &

Management, 2011, 17 (1): 85-103.

[244] SAM W, ARZLANIAN S, ELFRING T. Social capital of entrepreneurs and small firm performance[J]. Journal of Business Venturing, 2014, 29 (1): 152-173.

[245] SCHAEFFER V, MATT M. Development of academic entrepreneurship in a non-mature context: The role of the university as a hub-organization[J]. Entrepreneurship & regional Development, 2016, 28 (9-10): 724-745.

[246] SCHLEIMER S C, PEDERSEN T. The driving forces of subsidiary absorptive capacity[J]. Journal of Management Studies, 2013, 50 (4): 646-672.

[247] SCHULTZE U, ORLIKOWSKI W J. A practice perspective on technology-mediated network relations: The use of Internet-based self-serve technologies[J]. Information Systems Research, 2004, 15 (1): 87-106.

[248] SCHUMPETER J A. The theory of economic development[M]. Cambridge: Harvard Economic Studies, 1934.

[249] SENYARD J M, BAKER T, DAVIDSSON P. Bricolage as a path to innovation for resource constrained new firms[C]. Proceedings of Annual Meeting of the Academy of Management, 2011.

[250] SENYARD J M. Entrepreneurial bricolage and young firm performance: The moderating effect of team composition[C]. Entrepreneurship Research Exchange Conference Proceedings, 2014.

[251] SENYARD J, BAKER T, DAVIDSSON P. Entrepreneurial bricolage: Towards systematic empirical testing[J]. Frontiers of Entrepreneurship Research, 2009, 29 (5): 1-14.

[252] SENYARD J, DAVIDSSON P, STEFFENS P. The role of bricolage and resource constraints in high potential sustainability ventures[J]. Frontiers of Entrepreneurship Research, 2010.

[253] SENYARD J, DAVIDSSON P, STEFFENS P. Environmental dynamism as a moderator of the relationship between bricolage and firm performance[C]. Proceedings of

Annual Meeting of the Academy of Management, 2015.

[254] SHAHZAD SHAZ ANSARI, GARUD R, KUMARASWAMY A. The disruptor's dilemma: TiVo and the U.S. television ecosystem[J]. Strategic Management Journal, 2016, 37(9): 1829-1853.

[255] SHALLEY C E, PERRY-SMITH J E. The emergence of team creative cognition: The role of diverse outside ties, sociocognitive network centrality, and team evolution[J]. Strategic Entrepreneurship Journal, 2008, 2(1): 23-41.

[256] SHANE S, CABLE D. Network ties, reputation, and the financing of new ventures[J]. Management Science, 2002, 48(3): 364-381.

[257] SHANE S, VENKATARAMAN S. The promise of entrepreneurship as a field of research[J]. Academy of Management Review, 2000, 25(1): 217-226.

[258] SHENKAR O, LI J. Knowledge search in international cooperative ventures[J]. Organization Science, 1999, 10(2): 134-143.

[259] SHEPHERD D A. Venture capitalists' assessment of new venture survival[J]. Management Science, 1999, 45(5): 621-632.

[260] SHIPILOV A V. Firm scope experience, historic multimarket contact with partners, centrality, and the relationship between structural holes and performance[J]. Organization Science, 2009, 20(1): 85-106.

[261] SHIPILOV A, GULATI R, KILDUFF M, et al. Relational pluralism within and between organizations[J]. Academy of Management Journal, 2014, 57(2): 449-459.

[262] SHIPILOV A. Strategic multiplexity[J]. Strategic Organization, 2012, 10(3): 215-222.

[263] SIRMON D G, HITT M A, IRELAND R D. Managing firm resources in dynamic environments to create value: Looking inside the black box[J]. Academy of Management Review, 2007, 32(1): 273-292.

[264] SIRMON D G, HITT M A. Managing resources: Linking unique resources,

management, and wealth creation in family firms[J]. Entrepreneurship Theory and Practice, 2003, 27 (4): 339-358.

[265] SMITH K A, DEGREGORIO D D. Bisociation discovery and entrepreneurial action strategic entrepreneurship: Creating an integrated mindset[M]. Oxford: Blackwell, 2002.

[266] SMITH K G, COLLINS C J, CLARK K D. Existing knowledge, knowledge creation capability, and the rate of new product introduction in high-technology firms[J]. Academy of Management Journal, 2005, 48 (2): 346-357.

[267] SONENSHEIN S. How organizations foster the creative use of resources[J]. Academy of Management Journal, 2014, 57 (3): 814-848.

[268] SPENDER J C. Making knowledge the basis of a dynamic theory of the firm[J]. Strategic Management Journal, 1996, 17 (S2): 45-62.

[269] SPICER J. Making sense of multivariate data analysis: An intuitive approach[M]. Sage, 2005.

[270] SPIGEL B, HARRISON R. Toward a process theory of entrepreneurial ecosystems[J]. Strategic Entrepreneurship Journal, 2018, 12 (1): 151-168.

[271] SPIGEL B. The relational organization of entrepreneurial ecosystems[J]. Entrepreneurship Theory and Practice, 2017, 41 (1): 49-72.

[272] SPILLING O R. The entrepreneurial system: On entrepreneurship in the context of a mega-event[J]. Journal of Business Research, 1996, 36 (1): 91-103.

[273] STAM E. Entrepreneurial ecosystems and regional policy: A sympathetic critique[J]. European Planning Studies, 2015, 23 (9): 1759-1769.

[274] STEFFENS P R, BAKER T, SENYARD J M. Betting on the underdog: Bricolage as an engine of resource advantage[C]. Proceedings of Annual Meeting of the Academy of Management, 2010.

[275] STEFFENS P R, SENYARD J M, BAKER T. Linking resource acquisition and development processes to resource-based advantage: Bricolage and the resource-

based view[C]. 6th AGSE International Entrepreneurship Research Exchange, 2009.

［276］STENHOLM P, RENKO M. Passionate bricoleurs and new venture survival[J]. Journal of Business Venturing, 2016, 31（5）: 595–611.

［277］STINCHCOMBE A L. Organizations and social structure[J]. Handbook of Organizations, 1965, 44（2）: 142–193.

［278］STUART T E, OZDEMIR S Z, DING W W. Vertical alliance networks: The case of university – biotechnology – pharmaceutical alliance chains[J]. Research Policy, 2007, 36（4）: 477–498.

［279］SUBRAMANIAM M, YOUNDT M A. The influence of intellectual capital on the types of innovative capabilities[J]. Academy of Management Journal, 2005, 48（3）: 450–463.

［280］SULLIVAN D M, FORD C M. How entrepreneurs use networks to address changing resource requirements during early venture development[J]. Entrepreneurship Theory and Practice, 2014, 38（3）: 551–574.

［281］SUN P Y T, ANDERSON M H. The combined influence of top and middle management leadership styles on absorptive capacity[J]. Management Learning, 2012, 43（1）: 25–51.

［282］SZULANSKI G. Exploring internal stickiness: Impediments to the transfer of best practice within the firm[J]. Strategic Management Journal, 1996, 17（S2）: 27–43.

［283］TAJFEL H E. Differentiation between social groups: Studies in the social psychology of intergroup relations[M]. Academic Press, 1978.

［284］TAJFEL H, BILLIG M G, BUNDY R P, et al. Social categorization and intergroup behaviour[J]. European Journal of Social Psychology, 1971, 1（2）: 149–178.

［285］TAJFEL H, TURNER J. C. The social identity theory of intergroup behavior[M]. Chicago: Nelson–hall, 1985.

［286］TAJFEL H. Human groups and social categories: Studies in social psychology[M]. Cambridge University Press, 1981.

[287] TASAVORI M, KWONG C, PRUTHI S. Resource bricolage and growth of product and market scope in social enterprises[J]. Entrepreneurship & Regional Development, 2018, 30 (3-4): 336-361.

[288] TEECE D J, PISANO G, SHUEN A. Dynamic capabilities and strategic management[J]. Strategic Management Journal, 1997, 18 (7): 509-533.

[289] TEECE D J. Technological change and the nature of the firm[M]. Center for Research in Management, University of California, Berkeley Business School, 1987.

[290] THEODORAKI C, MESSEGHEM K, RICE M P. A social capital approach to the development of sustainable entrepreneurial ecosystems: An explorative study[J]. Small Business Economics, 2018, 51 (1): 153-170.

[291] THOMAS L D W, AUTIO E. The fifth facet: The ecosystem as organizational field[C]. DRUID, Copenhagen, Denmark, 2014: 1-34.

[292] THOMPSON T A, PURDY J M, VENTRESCA M J. How entrepreneurial ecosystems take form: Evidence from social impact initiatives in Seattle[J]. Strategic Entrepreneurship Journal, 2018, 12 (1): 96-116.

[293] THORELLI H B. Networks: Between markets and hierarchies[J]. Strategic Management Journal, 1986, 7 (1): 37-51.

[294] TIMMONS J A. New venture creation[M]. Tata Mcgraw-Hill Education, 1985.

[295] TIWANA A, MCLEAN E R. Expertise integration and creativity in information systems development[J]. Journal of Management Information Systems, 2005, 22 (1): 13-43.

[296] TODOROVA G, DURISIN B. Absorptive capacity: Valuing a reconceptualization[J]. Academy of Management Review, 2007, 32 (3): 774-786.

[297] TOLMAN E C. Identification and the postwar world[J]. The Journal of Abnormal and Social Psychology, 1943, 38 (2): 141-148.

[298] TSAI W. Knowledge transfer in intraorganizational networks: Effects of

network position and absorptive capacity on business unit innovation and performance[J]. Academy of Management Journal, 2001, 44 (5): 996-1004.

[299] TURNER J C. Towards a cognitive redefinition of the social group[J]. Social Identity and Intergroup Relations, 1982: 15-40.

[300] TURNER J. C. Social categorization and the self. concept: A social cognitive theory of group behavior[M]. Greenwich: JAI Press, 1985.

[301] TURNER J.C. The experimental social psychology of intergroup behavior[M]. Chicago: University of Chicago Press, 1981.

[302] UCBASARAN D, WESTHEAD P, WRIGHT M. The focus of entrepreneurial research: Contextual and process issues[J]. Entrepreneurship Theory and Practice, 2001, 25 (4): 57-80.

[303] UZZI B. Social structure and competition in interfirm networks: The paradox of embeddedness[J]. Administrative Science Quarterly, 1997 (1): 35-67.

[304] VAN DE VEN H. The development of an infrastructure for entrepreneurship[J]. Journal of Business Venturing, 1993, 8 (3): 211-230.

[305] VAN DEN BOSCH F A J, VOLBERDA H W, DE BOER M. Coevolution of firm absorptive capacity and knowledge environment: Organizational forms and combinative capabilities[J]. Organization Science, 1999, 10 (5): 551-568.

[306] VANEVENHOVEN J, WINKEL D, MALEWICKI D, et al. Varieties of bricolage and the process of entrepreneurship[J]. New England Journal of Entrepreneurship, 2011, 14 (2): 53-66.

[307] VERBRUGGE L M. Multiplexity in adult friendships[J]. Social forces, 1979, 57 (4): 1286-1309.

[308] VOGEL P. The employment outlook for youth: Building entrepreneurship ecosystems as a way forward[C]. Conference Proceedings of the G20 Youth Forum, 2013.

[309] VOLBERDA H W, FOSS N J, LYLES M A. Perspective—Absorbing the concept of absorptive capacity: How to realize its potential in the organization field[J].

Organization Science, 2010, 21 (4): 931-951.

[310] VON MISES L. Human action: A treatise on economics[M]. San Francisco: Laissez Faire, 1949.

[311] WALES W J, PARIDA V, PATEL P C. Too much of a good thing? Absorptive capacity, firm performance, and the moderating role of entrepreneurial orientation[J]. Strategic Management Journal, 2013, 34 (5): 622-633.

[312] WASSERMAN S, FAUST K. Social network analysis: Methods and applications[M]. Cambridge University Press, 1994.

[313] WEICK K. E. Organizational redesign as improvisation[M]. Boston: Blackwell, 2001.

[314] WELLMAN B, BERKOWITZ S D. Social structures: A network approach[M]. CUP Archive, 1988.

[315] WERNERFELT B. A resource-based view of the firm[J]. Strategic Management Journal, 1984, 5 (2): 171-180.

[316] WIKLUND J, BAKER T, SHEPHERD D. The age-effect of financial indicators as buffers against the liability of newness[J]. Journal of Business Venturing, 2010, 25 (4): 423-437.

[317] WOOD M S, MCKINLEY W. The production of entrepreneurial opportunity: a constructivist perspective[J]. Strategic Entrepreneurship Journal, 2010, 4 (1): 66-84.

[318] WRIGHT M, MARLOW S. Entrepreneurial activity in the venture creation and development process[J]. International Small Business Journal, 2012, 30 (2): 107-114.

[319] WU J, SHANLEY M T. Knowledge stock, exploration, and innovation: Research on the United States electromedical device industry[J]. Journal of Business Research, 2009, 62 (4): 474-483.

[320] YIN R K. Application of case study research[M]. Sage Publications, 2003.

[321] YIN R K. Case study research: Design and methods[M]. Sage Publications,

2008.

[322] YLI-RENKO H, AUTIO E, SAPIENZA H J. Social capital, knowledge acquisition, and knowledge exploitation in young technology-based firms[J]. Strategic Management Journal, 2001, 22(6-7): 587-613.

[323] ZAHRA S A, GEORGE G. Absorptive capacity: A review, reconceptualization, and extension[J]. Academy of Management Review, 2002, 27(2): 185-203.

[324] ZAHRA S A, HAYTON J C. The effect of international venturing on firm performance: The moderating influence of absorptive capacity[J]. Journal of Business Venturing, 2008, 23(2): 195-220.

[325] ZAHRA S A, IRELAND R D, HITT M A. International expansion by new venture firms: International diversity, mode of market entry, technological learning, and performance[J]. Academy of Management Journal, 2000, 43(5): 925-950.

[326] ZAHRA S A, NAMBISAN S. Entrepreneurship in global innovation ecosystems[J]. AMS Review, 2011, 1(1): 4-17.

[327] ZANDER U, KOGUT B. Knowledge and the speed of the transfer and imitation of organizational capabilities: An empirical test[J]. Organization Science, 1995, 6(1): 76-92.

[328] ZIMMER C, ALDRICH H. Resource mobilization through ethnic networks: Kinship and friendship ties of shopkeepers in England[J]. Sociological Perspectives, 1987, 30(4): 422-445.

[329] 蔡莉, 葛宝山, 蔡义茹. 中国转型经济背景下企业创业机会与资源开发行为研究[J]. 管理学季刊, 2019, 4(2): 44-62+134.

[330] 蔡莉, 彭秀青, Satish Nambisan, 等. 创业生态系统研究回顾与展望[J]. 吉林大学社会科学学报, 2016, 56(1): 5-16.

[331] 陈晓红, 王慧民. 我国不同地区的创业特征比较研究[J]. 中国软科学, 2009(7): 115-123+143.

[332] 郭会斌. 温和改善的实现: 从资源警觉到资源环境建构: 基于四家

"中华老字号"的经验研究[J].管理世界,2016(6):133-147+188.

[333]何一清,崔连广,张敬伟.互动导向对创新过程的影响:创新能力的中介作用与资源拼凑的调节作用[J].南开管理评论,2015,18(4):96-105.

[334]解学梅,左蕾蕾.企业协同创新网络特征与创新绩效:基于知识吸收能力的中介效应研究[J].南开管理评论,2013,16(3):47-56.

[335]李非,祝振铎.基于动态能力中介作用的创业拼凑及其功效实证[J].管理学报,2014,11(4):562-568.

[336]梁强,罗英光,谢舜龙.基于资源拼凑理论的创业资源价值实现研究与未来展望[J].外国经济与管理,2013,35(5):14-22.

[337]鲁喜凤,单标安,李扬,等.创始人的探索激情、行动学习与新企业资源拼凑[J].管理学报,2019,16(8):1197-1203.

[338]聂鲲.产业集群、产业共享、人力资本互动研究:以硅谷和中关村为例[D].吉林大学.2017.

[339]潘绵臻,毛基业.再探案例研究的规范性问题:中国企业管理案例论坛(2008)综述与范文分析[J].管理世界,2009(2):92-100+169.

[340]宋晶,陈劲.创业者社会网络、组织合法性与创业企业资源拼凑[J].科学学研究,2019,37(1):86-94.

[341]苏芳,毛基业,谢卫红.资源贫乏企业应对环境剧变的拼凑过程研究[J].管理世界,2016(8):137-149.

[342]孙锐,周飞.企业社会联系、资源拼凑与商业模式创新的关系研究[J].管理学报,2017,14(12):1811-1818.

[343]王保进.英文视窗版SPSS与行为科学研究[M].北京:北京大学出版社,2007.

[344]王玲,蔡莉,彭秀青,等.机会—资源一体化创业行为的理论模型构建:基于国企背景的新能源汽车新企业的案例研究[J].科学学研究,2017,35(12):1854-1863.

[345]吴亮,赵兴庐,张建琦.以资源拼凑为中介过程的双元创新与企业绩

效的关系研究[J]. 管理学报，2016，13（3）：425-431.

［346］吴明隆. 问卷统计分析实务：SPSS 操作与应用[M]. 重庆：重庆大学出版社，2010.

［347］张秀娥，张坤. 创业导向对新创社会企业绩效的影响：资源拼凑的中介作用与规制的调节作用[J]. 科技进步与对策，2018，35（9）：91-99.

［348］赵兴庐，张建琦，刘衡. 能力建构视角下资源拼凑对新企业绩效的影响过程研究[J]. 管理学报，2016，13（10）：1518-1524.

［349］赵兴庐，张建琦. 资源拼凑与企业绩效：组织结构和文化的权变影响[J]. 经济管理，2016，38（5）：165-175.

［350］朱秀梅，鲍明旭，方琦. 变革领导力与创业拼凑：员工建言与刻意练习的权变作用研究[J]. 南方经济，2018，37（6）：102-119.

［351］祝振铎，李非. 创业拼凑、关系信任与新企业绩效实证研究[J]. 科研管理，2017，38（7）：108-116.

［352］祝振铎. 创业导向、创业拼凑与新企业绩效：一个调节效应模型的实证研究[J]. 管理评论，2015，27（11）：57-65.